优秀税务会计从入门到精通

秦东生 于烨◎著

中国华侨出版社

图书在版编目（CIP）数据

优秀税务会计从入门到精通 / 秦东生，于烨著. — 北京：中国华侨出版社，2015. 3

ISBN 978-7-5113-4636-0

I. ①优… II. ①秦… ②于… III. ①税务会计 IV. ①F810. 42

中国版本图书馆CIP数据核字（2014）第109292号

• 优秀税务会计从入门到精通

著　　者 / 秦东生　于　烨
责任编辑 / 荼　靡
责任校对 / 孙　丽
经　　销 / 新华书店
开　　本 / 787毫米×1092毫米　1/16　印张 / 14.5　字数 / 250千
印　　刷 / 三河市天润建兴印务有限公司
版　　次 / 2015年5月第1版　2019年2月第6次印刷
书　　号 / ISBN 978-7-5113-4636-0
定　　价 / 32.00元

中国华侨出版社　北京市朝阳区静安里26号通成达大厦3层　邮　编：100028
法律顾问：陈鹰律师事务所
编辑部：（010）64443056　传真：（010）64439708
发行部：（010）64443051
网　址：www.oveaschin.com
E-mail：oveaschin@sina.com

序言

PREFACE

提起“税务”或者“会计”，似乎并不难理解。顾名思义，所谓“税务”，自然是与税收相关的事务；所谓“会计”，是指一种经济管理活动，在这其中，它以货币为主要计量单位，以各种凭证作为依据，运用一系列专业的方法，对一定单位的资金运动进行核算与监督。我们平时听说的“会计”，一般指财务会计，主要为企业制作与提供各种财务报告（如财务报表）。

假如我们把“税务”与“会计”二者合在一起，即形成“税务会计”，那么，“税务会计”又是一个什么样的概念呢？首先，税务会计也是一种会计；其次，税务会计显然侧重于处理涉税事务，包括税金核算、纳税申报与税务筹划，确保依法对税款进行正确计算和及时缴纳。在此基础上，税务会计可以进一步优化企业的纳税行为。从这个意义上说，税务会计是传统会计的一个重要分支，它既是一种会计活动与系统，还是一个重要的职业名称。

或许有人会问：税务会计对于企业来说，重要吗？答案是：非常重要。我们经过统计发现，在企业涉嫌违法的活动中，涉税问题可谓重中之重，并使企业承担了高昂的违法成本。这是因为，伴随着企业的诞生，以及一系列业务活动的开展，企业几乎无时无刻不在面临涉税问题，如果处理不慎，便可能将企业拖入难以想象的旋涡。

这个问题并不难理解，我们在生活中听说的某名人或某企业由于偷税、漏税等行为被惩处，便是活生生的案例。应该说，对于企业而言，税款是企业所得之中的一部分；对于国家财政而言，税收可谓是国家财政最重要的收入来源。我国税收“取之于民，用之于民”，通过持续改善社会生产与生活环境，从而促进社会的良性发展。“纳税”可谓是企业与生俱来的一项义务，也是企业确保自己“纯收入”的一个重要环节。

随着社会经济日益活跃，税法日益完备，对于企业来说，涉税问题将日益专业化。一般来说，税法是与国家宏观调控政策紧密联系的，包括国家鼓励、扶持哪些行业发展，限制、引导哪些行业发展等。为此，税法便对不同征税范围与征税对象进行了调整，比如通过税率、计税基数等实行差别化纳税待遇，从而调整产业布局。需要指出的是，税法是国家征税、企业纳税的法律依据。

这带给企业的一个实际意义是，怎样在与税法不违背的情况下，确保企业根据自身条件，充分利用税法优惠政策，使企业在缴税问题上由被动变为主动？另外，企业在缴税后，应该做怎样的会计处理，不同税种、税目的纳税申报流程又是怎样的？一个优秀的税务会计人员便可以帮助企业解决这些难题。

在企业实际运营中，我们的确发现不少企业选择税种、税目不当，从而适用的税率也不同，甚至由此给企业带来不必要的损失；还有些企业本来无意违背税法，结果却被税务机关查出漏税等，从而责令补齐税款、缴纳相关数额的滞纳金。于是，企业对税务会计的需求日益紧迫。我们本书的主旨，便是为了帮助有志于从事及正在从事税务会计工作、希望了解更多税务会计知识与实际操作技能的读者，帮助读者完美地实现从税务会计入门到优秀税务会计的飞跃。

考虑到在税务会计的实际操作中，我们主要针对流转税、所得税、财产税与行为税四大类税进行会计处理，所以我们在本书中，便以这几大类税中的常见税种的会计处理为核心，体现出增强实务性的特点。另外，全书布局站在读者的角度，共分为“上、中、下”三篇，层次清晰，由浅入深，概念阐述紧密结合案例分析，使读者无形中提升自己的税务会计处理能力。

其中，上篇是“税务会计入门”，解释了基本的概念，包括税收的含义、税法、纳税人的权利和义务、企业纳税的一般程序等，使读者首先对“税”与“纳税”有个正确的观念性认识，从而远离偷税、逃税、漏税等错误观念与行为；我们在本篇中还初步解释了税务会计的相关概念，使得即使是税务会计入门级别的读者，也能快速了解税务会计的含义，对于具备一定税务会计经验的读者，则可以起到加深认识的作用。

中篇是“税务核算与处理”，可以说是本书的核心部分。在该篇中，我们针对常见的、日常工作中出现频率最高的主要税种，如增值税、营业税、企业所得税、个人所得税等进行了详细阐述，同时，还对其他税种，如消费税、关税、资源税、城建税及教育附加税、城镇土地使用税、契税、印花税等进行了精辟的论述，并且均辅以典型的案例分析。由于本书贯彻“深入浅出、能力提升”的原则，所以该篇中的每一部分内容，只要读者用心阅读，均能快速掌握其中的要义。

下篇是“税务会计高级实操”，属于本书的升华部分。在该篇中，我们对与税务会计紧密联系的发票以及发票管理，进行了精要的阐述；由于发票是企业财务收支的法定凭证，而且“以票控税”在国家税务机关征税活动中起着重要作用，所以，企业通过发票管理优化纳税行为便很重要，比如说，在确认收入方面，选择合适的发票时机，一定程度上可以合法地加速或延迟纳税义务的到来，这显然会对企业的现金流构成影响，那么，精通于发票管理的税务会计则可以使其向着有利于企业的方向变化，从而使企业合法受益。我们在该篇中还阐述了税务筹划的课题，一般来说，能够灵活自如地为企业进行适宜的税务筹划，这将会对企业的健康发展起到重要而积极的作用，也是一个优秀税务会计人员应该涉足的领域。

最后，由于作者水平有限，书中不当之处在所难免，还望读者朋友积极批评、指正，谢谢！

目录

上篇 税务会计入门

第一章 CHAPTER ONE 先从纳税说起

第二章 CHAPTER TWO 初识税务会计

中篇 税务核算与处理

第三章 CHAPTER THREE

增值税会计

第四章 CHAPTER FOUR

营业税会计

第五章 CHAPTER FIVE

企业所得税会计

第六章 CHAPTER SIX 财产税会计

第七章 CHAPTER SEVEN 行为税会计

第八章 CHAPTER EIGHT 其他税种的会计

下篇 税务会计高级实操

第九章 CHAPTER NINE 发票与凭据的管理

第十章 CHAPTER TEN 税务筹划

上篇 税务会计入门

众所周知，企业从一诞生开始，就与各种税打着交道，比如说，企业经营的业务只要发生，就需要缴纳增值税或营业税；企业只要赚钱（盈利）了，就要缴纳营业税等。除了我们常见的这些税种，企业还与很多种税有“亲密”联系，诸如个人所得税、印花税、城市维护建设税及教育附加税，等等。

企业有如此多的涉税实务，便在客观上催生了税务会计。那么税务会计是什么？税务会计要经常处理的纳税问题又到底是怎么回事？别急，本篇将带你走进税务会计的大门，为让你成为一个优秀的税务会计人员打下坚实的基础。

上篇
税务会计入门
PART I

CHAPTER ONE

第一章 先从纳税说起

顾名思义，税务会计要处理的就是“税”；而作为企业，纳税几乎是天经地义的。在成为一个优秀的税务会计以前，我们先来了解“税”以及“纳税”的问题。在接下来的内容里，你将会觉得“税”不再神秘、不再那么难以把握，只要你能洞悉“税”里面的学问，做个出色的税务会计并不难。

1.1 税是何物

我们平时所说的“税”，又称为“赋税”、“税金”、“税收”等，是指国家为了维持其运转以及为社会提供公共服务，对个人与法人征收实物或货币的总称。那么，“税”具备什么样的特点呢？通常来说，“税”具备三个基本特点，即强制性、无偿性、固定性。

所谓强制性，也就是对于国家规定的各种税，相应的纳税人必须缴纳，如果不缴纳，这些纳税人便是“抗税”，需要受到相关法律的制裁。

所谓无偿性，是纳税人在缴税时，不得向国家提出若干有偿性回报。因此，缴税是纳税人的一项义务，而非商品交易。当然，国家在征税后，形成了财政收入，又会将这些收入用于改善公共设施等，为纳税人提供更好的发展环境，从而实现社会发展的良性循环。

所谓固定性，是说每个税种、税目的产生，都需要相对的稳定，包括税率的制定等。因此，税不可能频繁地变化，假若这样的话，就会影响税的稳定性与权威性；但同时，各种税的产生，又是与社会发展状况紧密相连的，当社会状况发生一定变化时，税也会进行相应的变化。比如说，在我国延续数千年的农业税，于2006年1月1日取消；我国从2012年1月1日起，开始营业税改增值税试点，其中，在现行增值税17%标准税率和13%低税率基础上，又新增11%和6%两种低税率，并规定租赁有形动产等适用11%税率，现代服务业适用6%税率等。

我们在了解税的概念时，还会常常遇到“税制”“税种”等概念。所谓税制，也就是税收制度，由纳税人、课税对象、税目、税率、纳税环节、纳税期限、计税依据、减免税和违章处理等要素构成；所谓税种，也就是税的种类。

总体来说，我国的税主要分为四大类，即流转税、所得税、财产税和行为税。本书所述的各种税的会计处理，几乎都属于这四大税种的范畴。我们接下来认识这四大税种。

流转税，是指以纳税人商品生产、流通环节的流转额或者数量以及非商品交易的营业额为征税对象的一类税。也就是说，流转税产生于商品生产和商品交换环节，我们平时说的增值税、消费税、营业税、关税、城市维护税、证券交易税等就属于流转税，它是构成国家财政收入的重要来源，也是企业缴税的重点部分。

所得税，又称为收益税，是指国家对法人、自然人和其他经济组织在一定时期内的各种所得征收的一类税。我们平时所说的企业所得税、个人所得税等就属于所得税范畴。所得税的特点是：通常以纯所得为征税对象，并以经过计算得出的应纳税所得额为计税依据，纳税人和实际负担人通常一致，有助于调节收入差距等。

财产税，是以纳税人所有或属其支配的财产为课税对象的一类税。它以财产为课税对象，向财产的所有者征收。这里所说的财产，包括一切积累的劳动产品（如生产资料和生活资料）、自然资源（如土地、矿藏、森林等）和各种科学技术、发明创作的特许权等，国家可以从中选择某些财产予以征税。因此，财产税属于国家对社会财富的存量予以征税，它通常不是对当年创造的价值征税，而是对以往年度各种积累形式的价值进行征税。

行为税，是国家为了对某些特定行为进行限制或开辟某些财源而予以征收的一类税。比如，国家过去征收的娱乐税（已于1966年9月停征）、宴席税（现国内大部分地区已停征），还有牲畜交易税和屠宰税（已于2006年2月17日废止），以及针对财产和商事凭证而征收的印花税等。一般情况下，行为税在征收上比较零星分散，通常作为地方政府筹集地方财政资金的一种手段，它的最大特点是征纳行为的发生具有偶然性或一次性。

通过上面的阐述，相信你对税已经有了比较全面的认识。那么，国家税务部门征税的依据是什么？或者说，纳税人缴税的依据是什么？这便是我们接下来要了解的税法。

1.2 税的依据：税法

所谓税法，是国家权力机关及其授权的行政机关制定的调整税收关系的法律规范的总称。其中，税法的调整对象是税收关系，即税法主体在各种税收活动过程中形成的社会关系的总和。因此，税法不是单纯意义上的实体法或程序法，而是实体性法律规范和程序性法律规范的统一体。

我们平时在实际工作中，常会听到税务工作人员说“根据某项税法的规定，你们公司应该缴纳增值税多少”等，或者我们可能还会听到一些税务会计说“根据某项税法的规定，我们企业可以享受某些税收优惠”等，可见，税法是国家征税与纳税人缴税的依据。对于企业的涉税工作者，显然需要了解与洞悉税法。

那么，税法具备什么样的特征呢？总体来说，从税收立法权限上来看，税法具有多层次性，既有国家税务，又有地方税务，所以在表现形式上也具有多样性；税法还具有相对稳定性和适当灵活性，在结构上具有规范性，而且也正如我们上面所述，具有实体性规范和程序性规范的统一性。此外，根据税法的制定主体与适用范围的不同，税法还可以分为国内税法与国外税法。

目前，我们从国家层面上来看，构成税法的组成部分有：

（1）由全国人民代表大会及其常务委员会制定的税收法律，如《中华人民共和国个人所得税法》《中华人民共和国税收征收管理法》等。

（2）由国务院制定的有关税收的行政法规，如《中华人民共和国个人所得税法实施条例》《中华人民共和国营业税暂行条例》等。

（3）由财政部、国家税务总局、海关总署和国务院关税税则委员会等部门制定的有关税收的部门规章，如《中华人民共和国营业税暂行条例实施细则》《税务行政复议规则（试行）》等。其中，有些重要规章还需要经过国务院批准后才能颁布实施，如《外国公司船舶运输收入征税办法》等。

以上是在国家层面形成的税法，各省、自治区、直辖市和某些较大的市的人民代表大会及其常委会，也可以根据本行政区域的具体情况和实际需要，在不与法律和行政法规相抵触的前提下，按照规定来制定某些地方性的税收法规。另外，香港和澳门两个特别行政区实行独立的税收制度，中央政府不在这两个特别行政区征税。

我们接下来再看税法具备的效力，这主要包括三部分：

（1）税法的对人效力。

这是指受税法规范和约束的纳税人的范围，包括纳税个人和纳税单位。税法对人的效力主要涉及一国的税收管辖权问题。我们根据国际上通行的做法可知，税法对人的效力依据所依据的原则有三种：

第一，属地主义，即以纳税人的纳税行为是否发生在本国领域内作为是否征税的标准，而不论纳税人是本国人还是外国人。

第二，属人主义，即以纳税人是否具有本国国籍为标准，确定是否征税，而不论纳税人的纳税行为是发生在本国领域内还是本国领域外。

第三，折中主义，即兼顾属地主义和属人主义原则；我国税法的对人效力采取的便是折中主义原则，也就是说，既考虑属地、又考虑属人原则。

（2）税法的空间效力。

这是指税法的法律强制力所能达到的地域范围，一般分为中央税法的空间效力和地方税法的空间效力。所谓中央税法，是指由全国人民代表大会及其常委会制定的税收法律和由国务院及其有关职能部门制定的普遍有效的税收行政法规；与此相对应，地方税法的空间效力，是指地方性税收法规仅在本地方行政管辖区域内有效。关于这点，我们在上面已经有所阐述。另外，根据国际公约或者双边协定以及我国有关法律的规定，对于一些虽在我国领域范围内、却享有税收豁免权的区域除外，比如外国使馆区等。

（3）税法的时间效力。

这是指税法生效和失效的时间，以及是否具有溯及既往的效力。在我国，税法的时间效力主要有这样几种情况：实施时间滞后于公布时间；实施时间和公布时间一致；实施在前，公布在后。其中，前面两种情况比较常见，第三种情况比较特殊，一般不予采纳。

关于税法的失效，主要包括这样几种情况：客观废止，即旧的税法规范由于失去其存在的客观条件而当然废止；规定废止，即新税法中明文规定，在新法生效时，旧税法自行废止；抵触废止，即新税法确认与其相抵触的部分税法规范被废止。

另外，税法的溯及力也是一个非常重要的方面，它所依据的原则主要有从旧、从新、从旧兼从轻、从新兼从轻等四大原则。这四大原则在我国税法中均有不同程度的体现。一般来说，税收实体法采取从旧原则，即禁止其具有溯及既往的效力；税收程序法则采取从新原则。

在了解税法时，我们还需要了解税法制定的基本原则。总体来说，税法包括这些基本原则：

（1）税收法定原则。

这是税法最为重要的原则，并为税收的规范性、稳定性、权威性等奠定了基础。

（2）税收公平原则。

这是指纳税人在税法面前的地位是平等的，所以税收负担在国民之间的分配也必须公平合理。

（3）税收效率原则。

这是指国家以最小的费用获取最大的税收，并利用税收的经济调控作用最大限度地促进经济的发展，或者最大限度地减轻税收对经济发展的妨碍。税收效率主要包括税收行政效率和税收经济效率，其中，征税费用是指税务部门在征税过程中所发生的各种费用，这些费用占所征税额的比重即为征税效率。

与此相对应，纳税费用是纳税人依法办理纳税事务所发生的费用。总体来说，税收效率的主旨在于如何通过优化税制，尽可能地减少税收对社会经济的不良影响，或者最大程度地促进社会经济良性发展。

（4）税收社会政策原则。

在国家对经济的宏观调控方面，税法调控是一个基本手段。国家对不同产业与行业的引导，很多时候可以体现在税法的条款中。比如说，国家鼓励出口，便在税法中采取了“出口退税”的措施；国家扶持高新技术企业发展，因此在企业所得税法中规定，一般企业的企业所得税率为25%，而高新技术企业的企业所得税率则为15%等。通过税法调控，一定程度上促进了国家对社会经济的宏观调控。

那么，税法中要具备什么样的要素呢？我们通过总结分析，可以发现税法中主要包括7个基本要素。

（1）纳税人。即税法规定的负有纳税义务的单位和个人。这是税法在明确向谁征税时要解决的第一个问题，我国的每一项税法，均对纳税人范围作出了明确规定。

（2）征税对象。又称为课税对象，即对什么客体进行征税。征税对象的不同，是各个税种间相互区别的根本标志，正如我们前面所提到的税的四种分类——流转税、所得税、财产税和行为税，它们是征税对象分类的重要标志。

（3）税率。这是应纳税额与征税对象或计税依据之间的比例，是计算应纳税额的尺度。在征税对象既定的情况下，税率的高低直接影响国家财政收入的多少和纳税人税收负担的轻重，并反映了一定时期内国家税收政策的要求。因此，税率是税法的核心要素，是衡量国家税收负担是否适当的标志。我国税率主要采用比例税率、累进税率、定额税率的形式。其中，比例税率是指对同一征税对象不管数额大小，均采取同一比例的税率；累进税率是指随征税对象数额的增多而相应逐级递增的税率；定额税率是指按单位征税对象直接规定固定的应纳税额。除了这三种主要的税率形式，还有名义税率与实际税率、平均税率与边际税率、附加与加成等。

（4）**纳税环节、纳税期限和纳税地点。**这在税法中要予以明确规定。

（5）**减免税。**这是指国家对某些特定的纳税人或者征税对象给予的一种税收优惠、照顾措施。

（6）**税务争议。**是指征税机关与纳税人之间因确认或实施税收法律关系而产生的纠纷，以及在出现这种纠纷时的处理机制。

（7）**税收法律责任。**这是指税收法律关系的主体因违反税收法律规范所应承担的法律后果，这包括两个方面，一是纳税人因违反税法而应承担的法律责任；二是作为征税主体的国家机关，在履行征税职能时，因违反税法而应承担的法律责任。

案例

A公司与B公司具有相同的股权结构，在2013年2月～2014年2月（一年时间），A公司将自有资产（价值200万元）免费提供给B公司使用，双方并未做出任何针对此项行为的税务与会计处理。其中，B公司从事建筑安装业。

2014年4月，A公司所在地的主管税务机关发现这种情况后，通过调查认为：A公司与B公司构成关联关系，A公司免费向B公司提供自有资产，却没按独立企业之间业务往来收取租金，因此，按我国税收《征管法》第三十六条的规定，并根据建筑安装业营业税税率为3%，核定B公司应缴营业税税金6万元，同时根据《征管法》第三十二条的规定，要求B公司补税6万元、加收滞纳金10950元。

我们这里要了解的概念是，所谓关联企业，是指与其他企业之间存在直接或间接控制关系或重大影响关系的企业，对于关联企业，主要是指与企业有这些关系之一的公司、企业、和其他经济组织：在资金、经营、购销等方面，存在直接或者间接的拥有控制关系；直接或者间接地同为第三者所拥有或者控制；其他在利益上相关联的关系。

（1）相互间直接或间接持有其中一方的股份总和达到25%或以上的；

（2）直接或间接同为第三者拥有或控制股份达到25%或以上的；

（3）企业与另一企业之间借贷资金占企业自有资金50%或以上，或企业借贷资金总额的10%或以上是由另一企业担保的；

（4）企业的董事或经理等高级管理人员一半以上或有一名常务董事是由另一企业所委派的；

（5）企业的生产经营活动必须由另一企业提供特许权利（包括工业产权、专有技术等）才能正常进行的；

（6）企业生产经营购进的原材料、零配件等（包括价格及交易条件等）是由另一企业所控制或供应的；

（7）企业生产的产品或商品的销售（包括价格及交易条件等）是由另一企业控制的；

（8）对企业生产经营、交易具有实际控制的其他利益上相关联的关系包括家族、亲属关系等。

在上述案例中，A公司与B公司具有同样的股权结构，意味着它们具有相同的股权所有人，所以两者是典型的关联企业。另外，我国税收《征管法》第三十六条规定：

"企业或者外国企业在中国境内设立的从事生产、经营的机构、场所与其关联企业之间的业务往来，应当按照独立企业之间的业务往来收取或者支付价款、费用；不按照独立企业之间的业务往来收取或者支付价款、费用，而减少其应纳税的收入或者所得额的，税务机关有权进行合理调整。"

当纳税人逾期未缴纳税款时，关于税款滞纳金的规定，《征管法》第三十二条规定：

"纳税人未按照规定期限缴纳税款的，扣缴义务人未按照规定期限解缴税款的，税务机关除责令限期缴纳外，从滞纳税款之日起，按日加收滞纳税款万分之五的滞纳金。"

基于此，我们通过上面的案例可以知道，A公司提供200万元资产给B公司免费使用1年，可视为B公司的一种营业所得。根据B公司适用的营业税税率为3%，可以得出B公司应纳的营业税为：

200×3%=6（万元）

B公司免费使用1年，却未作税务会计与处理，也没有申报纳税，所以B公司需补交的营业税滞纳金为：

365×60000×0.0005=10950（元）

因此，B公司需补交营业税及滞纳金合计：60000+10950=70950（元）。

通过上面的阐述，相信你对税法有了一个全面、深入的认识。当然，对于企业来说，会更加重视纳税人的权利和义务，因此，我们接下来了解纳税人的权利和义务。

1.3 纳税人的权利和义务

纳税人，又被称为“课税主体”，是税法上规定的直接负有纳税义务的单位和个人。企业作为一个经济单位，从注册成立的那一天开始，便顺理成章地具备纳税人身份，该身份伴随企业终身。那么，企业作为纳税人，具备什么样的权利和义务呢？

我们先来看企业作为纳税人的权利。

（1）知情权。

企业有权向税务局了解国家税收法律、行政法规的规定以及与纳税程序有关的情况，比如，现行税收法律、行政法规和税收政策规定；办理税收事项的时间、方式、步骤以及需要提交的资料；应纳税额核定及其他税务行政处理决定的法律依据、事实依据和计算方法；与税务局在纳税、处罚和采取强制执行措施时发生争议或纠纷时，纳税人可以采取的法律救济途径及需要满足的条件。

（2）保密权。

企业有权要求税务局为自己的商业秘密和个人隐私保密，这主要包括纳税人的技术信息、经营信息和纳税人、主要投资人以及经营者不愿公开的个人事项。对于这些事项，若无法律、行政法规明确规定或者纳税人的许可，税务局将不得对外部门、社会公众和其他个人提供。但根据法律规定，税收违法行为的信息不属于保密范围。

（3）税收监督权。

企业对税务局违反税收法律、行政法规的行为，比如税务人员索贿受贿、徇私舞弊、玩忽职守，不征或者少征应征税款，滥用职权多征税款或者故意刁难等，可以进行检举和控告。同时，纳税人对其他纳税人的税收违法行为也有权进行检举。

（4）纳税申报方式的选择权。

企业既可以直接到办税服务厅去办理纳税申报或者报送代扣代缴、代收代缴税款报告表，也可以按照规定采取邮寄、数据电文或者其他方式办理上述申报、报送事项。但采取邮寄或数据电文方式办理上述申报、报送事项的，需经纳税人的主管税务机关批准后方可实施。

其中，纳税人如果采取邮寄方式办理纳税申报，应当使用统一的纳税申报专用信封，并以邮政部门收据作为申报凭据。邮寄申报应以寄出的邮戳日期为实际申报日期。

数据电文方式是指税务局确定的电话语音、电子数据交换和网络传输等电子方式。纳税人如果采用电子方式办理纳税申报，应当按照税务局规定的期限和要求保存有关资料，并定期书面报送给税务局。

（5）申请延期申报权。

企业如果不能按期办理纳税申报或者报送代扣代缴、代收代缴税款报告表，应当在规定的期限内向税务局提出书面延期申请，经核准后，企业可在核准的期限内办理。对于经核准延期办理申报、报送事项的，企业应当在税法规定的纳税期内按照上期实际缴纳的税额或者税务局核定的税额预缴税款，在核准的延期内办理税款结算。

（6）申请延期缴纳税款权。

企业如果有特殊困难，不能按期缴纳税款，在经省、自治区、直辖市国家税务局、地方税务局批准后，可以延期缴纳税款，但是最长不得超过三个月。计划单列市（国内目前仅有5个，分别为大连市、青岛市、宁波市、厦门市、深圳市）国家税务局、地方税务局可以参照省级税务机关的批准权限，审批纳税人的延期缴纳税款申请。

纳税人满足以下任何一个条件，均可以申请延期缴纳税款：一是因不可抗力，导致纳税人发生较大损失，正常生产经营活动受到较大影响的；二是当期货币资金在扣除应付职工工资、社会保险费后，不足以缴纳税款的。

（7）申请退还多缴税款权。

对企业超过应纳税额缴纳的税款，税务局发现后，将自发现之日起10日内办理退还手续；若企业自结算缴纳税款之日起3年内发现的，可以向税务局要求退还多缴的税款并加算银行同期存款利息。税务局将自接到纳税人退还申请之日起30日内查实并办理退还手续，涉及从国库中退库的，依照法律、行政法规有关国库管理的规定予以退还。

（8）依法享受税收优惠权。

企业可以依照法律、行政法规的规定书面申请减税、免税。减税、免税的申请须经法律、行政法规规定的减税、免税审查批准机关审批。减税、免税期满，应当自期满次日起恢复纳税。减税、免税条件发生变化的，应当自发生变化之日起15日内向税务局报告；不再符合减税、免税条件的，应当依法履行纳税义务。

若企业享受的税收优惠需要备案的，应当按照税收法律、行政法规和有关政策规定，及时办理事前或者事后备案。

（9）委托税务代理权。

企业有权就以下事项委托税务代理人代为办理：办理、变更或者注销税务登记、除增值税专用发票外的发票领购手续、纳税申报或扣缴税款报告、税款缴纳和申请退税、制作涉税文书、审查纳税情况、建账建制、办理财务、税务咨询、申请税务行政复议、提起税务行政诉讼以及国家税务总局规定的其他业务。

（10）陈述与申辩权。

企业对税务局作出的决定，享有陈述权、申辩权。如果纳税人有充分的证据证明自己的行为合法，税务局就不得对纳税人实施行政处罚；即使纳税人的陈述或申辩不充分合理，税务局也需向纳税人解释实施行政处罚的原因。税务局不得因纳税人的正常申辩而对纳税人加重处罚。

（11）对未出示税务检查证和税务检查通知书的拒绝检查权。

若税务局派出工作人员对企业进行税务检查时，应当向被检查企业出示税务检查证和税务检查通知书；对于未出示税务检查证和税务检查通知书的，企业有权拒绝接受检查。

（12）税收法律救济权。

企业对税务局作出的决定，依法享有申请行政复议、提起行政诉讼、请求国家赔偿等权利。在此基础上，若企业同税务局在纳税上发生争议时，纳税人、纳税担保人，必须先依照税务局的纳税决定缴纳或者解缴税款及滞纳金或者提供相应的担保，然后可以依法申请行政复议；对行政复议决定不服的，可以依法向人民法院起诉。如纳税人对税务局的处罚决定、强制执行措施或者税收保全措施不服的，可以依法申请行政复议，也可以依法向人民法院起诉。

当税务局的职务违法行为给纳税人和其他税务当事人的合法权益造成侵害时，纳税人和其他税务当事人可以要求税务局行政赔偿。这主要包括：一是纳税人在限期内已缴纳税款，税务局未立即解除税收保全措施，使纳税人的合法权益遭受损失的；二是税务局滥用职权违法采取税收保全措施、强制执行措施或者采取税收保全措施、强制执行措施不当，使纳税人或者纳税担保人的合法权益遭受损失的。

（13）依法要求听证的权利。

对纳税人做出规定金额以上罚款的行政处罚之前，税务局需向纳税人送达《税务行政处罚事项告知书》，告知纳税人已经查明的违法事实、证据、行政处罚的法律依据以及将给予的行政处罚。对此，纳税人有权要求举行听证；若纳税人认为税务局指定的听证主持人与本案有直接利害关系，纳税人则有权申请主持人回避。

对应当进行听证的案件，税务局不组织听证，行政处罚决定不能成立。但纳税人放弃听证权利或者被正当取消听证权利的除外。

（14）索取有关税收凭证的权利。

税务局在征收税款时，必须给纳税人开具完税凭证；税务局在扣押商品、货物或者其他财产时，必须开付收据；税务局在查封商品、货物或者其他财产时，也必须开付清单。

以上是作为纳税人的企业享有的权利。我们接下来再了解企业纳税人应履行的义务：

（1）依法进行税务登记的义务。

企业应当自领取营业执照之日起30日内，持有关证件，向税务局申报办理税务登记。税务登记主要包括领取营业执照后的设立登记、税务登记内容发生变化后的变更登记、依法申请停业、复业登记、依法终止纳税义务的注销登记等。

在各类税务登记管理中，纳税人应该根据税务局的规定分别提交相关资料，及时办理。同时，纳税人应当按照税务局的规定使用税务登记证件。税务登记证件不得转借、涂改、损毁、买卖或者伪造。

（2）依法设置账簿、保管账簿和有关资料以及依法开具、使用、取得和保管发票的义务。

企业应当按照有关法律、行政法规和国务院财政、税务主管部门的规定设置账簿，根据合法、有效凭证记账，进行核算；从事生产、经营的，必须按照国务院财政、税务主管部门规定的保管期限保管账簿、记账凭证、完税凭证及其他有关资料；账簿、记账凭证、完税凭证及其他有关资料不得伪造、变造或者擅自损毁。另外，纳税人在购销商品、提供或者接受经营服务以及从事其他经营活动中，应当依法开具、使用、取得和保管发票。

（3）财务会计制度和会计核算软件备案的义务。

企业的财务、会计制度或者财务、会计处理办法和会计核算软件，应当报送税务局备案。企业的财务、会计制度或者财务、会计处理办法与国务院或者国务院财政、税务主管部门有关税收的规定抵触的，应依照国务院或者国务院财政、税务主管部门有关税收的规定计算应纳税款、代扣代缴和代收代缴税款。

（4）按照规定安装、使用税控装置的义务。

国家根据税收征收管理的需要，积极推广使用税控装置。企业应当按照规定安装、使用税控装置，不得损毁或者擅自改动税控装置。若纳税人未按规定安装、使用税控装置，或者损毁或者擅自改动税控装置的，税务局将责令纳税人限期改正，并可根据情节轻重处以规定数额内的罚款。

（5）按时、如实申报的义务。

企业必须依照法律、行政法规规定或者税务局依照法律、行政法规的规定确定的申报期限、申报内容如实办理纳税申报，报送纳税申报表、财务会计报表以及税务局根据实际需要要求纳税人报送的其他纳税资料。

作为扣缴义务人，纳税人必须依照法律、行政法规规定或者税务局依照法律、行政法规的规定确定的申报期限、申报内容如实报送代扣代缴、代收代缴税款报告表以及税务局根据实际需要要求纳税人报送的其他有关资料。

企业即使在纳税期内没有应纳税款，也应当按照规定办理纳税申报。对于享受减税、免税待遇的企业，在减税、免税期间应当按照规定办理纳税申报。

（6）按时缴纳税款的义务。

企业应当按照法律、行政法规规定或者税务局依照法律、行政法规的规定确定的期限，缴纳或者解缴税款。未按照规定期限缴纳税款或者未按照规定期限解缴税款的，税务局除责令限期缴纳外，从滞纳税款之日起，按日征收该税款万分之五的滞纳金。

（7）代扣、代收税款的义务。

若企业按照法律、行政法规规定负有代扣代缴、代收代缴税款义务，必须依照法律、行政法规的规定履行代扣、代收税款的义务；若企业依法履行代扣、代收税款义务时遭到拒绝，企业应当及时报告税务局予以处理。

（8）接受依法检查的义务。

企业有接受税务局依法进行税务检查的义务，并应主动配合税务局按法定程序进行税务检查，如实地向税务局反映自己的生产经营情况和执行财务制度的情况，并按有关规定提供报表和资料，不得隐瞒和弄虚作假，不能阻挠、刁难税务局的检查和监督。

（9）及时提供信息的义务。

企业除通过税务登记和纳税申报向税务局提供与纳税有关的信息外，还应及时提供其他信息。如纳税人有歇业、经营情况变化、遭受各种灾害等特殊情况的，应及时向税务局说明，以便税务局依法妥善处理。

（10）报告其他涉税信息的义务。

为了保障税收能够及时、足额征收入库，税法还规定企业有义务向税务局报告相关税务信息，比如，企业有义务就纳税人与关联企业之间的业务往来，向当地税务机关提供有关价格、费用标准等资料；企业合并、分立时，应当向税务局报告，并依法缴清税款；企业有向税务局报告全部账号的义务，若账号发生变化，企业应当自变化之日起15日内，向主管税务机关做出书面报告；企业在处分大额财产时需向税务局报告的义务，比如说，企业的欠缴税款数额在5万元以上，那么该企业在处分不动产或者大额资产前，应当向税务局报告。

我们在了解企业作为纳税人的权利和义务后，在企业的涉税问题上，能够更好地做到有的放矢。接下来，我们来了解企业纳税的程序。

1.4 企业纳税的程序

所谓纳税程序，是纳税人履行纳税义务的过程中，所必须遵循的法定步骤、过程及其先后顺序。对于不同性质的企业，在具体纳税环节上可能会有所不同，但总的说来，企业纳税的基本程序主要包括税务登记、纳税申报、税款征收与税务检查环节，如图1-1所示：

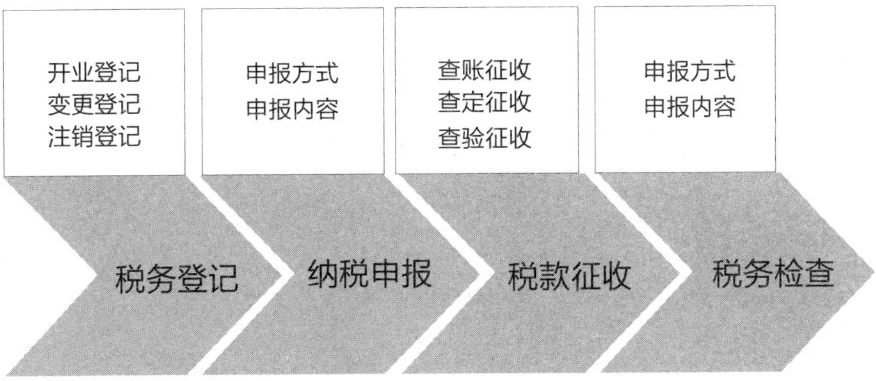

图1-1 企业纳税流程图

我们接下来详细了解企业的纳税程序：

（1）税务登记。

税务登记又称为纳税登记，是指税务机关根据税法规定，对纳税人的生产、经营活动进行登记管理的一项法定制度，也是纳税人依法履行纳税义务的法定手续。它是税务机关对纳税人实施税收管理的首要环节和基础工作，是征纳双方法律关系成立的依据和证明，也是纳税人必须依法履行的义务。

（2）纳税申报。

所谓纳税申报，是指纳税人按照税法规定的期限和内容向税务机关提交有关纳税事项书面报告的法律行为，是纳税人履行纳税义务、承担法律责任的主要依据，是税务机关税收管理信息的主要来源和税务管理的一项重要制度。纳税人纳税申报的主要内容包括：税种、税目、应纳税项目或者应代扣代缴、代收代缴税款项目、适用税率或者单位税额、计税依据、扣除项目及标准、应纳税额或者应代扣代缴、代收代缴税额、税款所属期限等。

案例

A公司是一家中型企业，主营交通运输业。2013年4月以来，由于公司业务不理想，使得该公司连续3个月没有收入，致使营业税收入为零，应纳税款为零。于是，A公司在2013年4月、5月两个月均进行了纳税零申报，但其在进行2013年6月的营业税零申报时，税务人员却要求A公司必须申报一些收入，不能连续零申报。

于是，A公司的税务会计人员只好申报了200元的收入、10元的营业税及其他附加。相应地，A公司的税务会计人员进行了会计分录：

借：应交税费——应交营业税及附加10元

　贷：银行存款10元

接着，税务会计人员进行了收入与计提的处理：

借：应收账款——某人200元

　贷：主营业务收入200元

借：营业税金及附加10元

　贷：应交税费——应交营业税及附加10元

那么，税务会计这样进行会计处理，是否有问题呢？其实，这里隐藏了一个典型的错误，即用税务处理来指导会计处理，从而使得“虚构”出来的应收账款无法冲销。

就本例来说，我们站在税法的角度来看，企业没有收入，自然没有缴纳所得税的义务，只能进行零申报。但在实务中，企业长期零申报，却没有申请破产，久而久之，便可能招致一些不必要的麻烦，比如，案例中出现的税务人员要求企业“申报一些收入”。企业在权衡利弊后，往往便进行违心的虚假申报。

然而，这导致的一个后果是，企业凭空产生了一个虚假的纳税义务，却没有任何实质性的业务作为支撑。所以，在会计处理时，只能就申报本身入账，而不能虚构一笔并不存在的销售收入，具体如下：

借：营业税金及附加10元

　贷：应交税费——应交营业税金及附加10元

借：应交税费——应交营业税金及附加10元

　贷：银行存款10元

在这个会计分录中，我们需要注意的是，这10元“营业税金及附加”，并不是企业合法缴纳的税金，其税金支出与企业获得的收入之间也没有关系。因而，这笔税金不能在税前扣除，在汇算清缴时，要对其进行纳税调增。

于是，对于一些营业收入确实为零的企业，若税务机关不准其零申报，实质相当于要纳税人进行“虚假申报”，这将导致纳税人多缴税。对此，根据税法规定，纳税人可以在3年内要求税务机关依法退税。只是在实务中，由于金额较小、企业“吃亏”不大，才使得企业和税务机关均对此不了了之。

然而在实务中，还有一种虚假申报，将给企业带来很大的税务风险。

案例

A公司主营房地产开发。2013年10月，地税人员口头要求A公司暂且不要足额申报接下来的11～12月的营业税，而是改在次年申报。A公司的领导得知后，经过一番权衡，决定遵照执行。因此，虽然A公司按照预售及销售收入计提了营业税金，但未足额申报。

2014年2月，按照税务人员的要求，A公司将未申报的营业税金200万元作为2014年2月的税金进行了申报。接下来，A公司在汇算2013年的所得税时，考虑到2013年11月、12月两个月的营业税直到次年2月才申报、上缴，便将这200万元推迟缴纳的营业税进行了纳税调整，从而打算在2014年度的所得税汇算时，再进行冲减调回。

那么，A公司的这种做法，会有什么风险吗？

案例中，尽管推迟纳税是税务人员的要求，但纳税义务却是企业自己的法定义务，任何单位或者个人，都无权改变企业的纳税义务。在税务实践中，常用的税收征管模式是“以纳税申报和优化服务为基础”，由企业自行申报纳税，并对自己申报的金额负有法律责任。因此，我们从这个角度上来说，A公司已经构成了“不进行纳税申报”的违法行为。

因此，A公司便涉嫌构成了两种违法行为，一是“编造虚假的计税依据”，二是“未申报税款”。前者的法律责任是处以5万元以下的罚款，后者是补税、滞纳金、0.5~5倍的罚款。由此可见，当企业面对与税法规定相悖的情形时，应该以税法规定为依据，否则，所产生的法律责任，企业将难辞其咎。

（3）税款征收。

税款征收是税务机关依照税收法律、行政法规的规定，将纳税义务人依法应缴纳的税款组织征收入库的活动。在税款征收中，征纳关系具备的特征是：在双方当事人中，必有一方是税务机关；征纳双方的权利和义务是由国家法律、法规预先确定，不能自由设定或选择；征纳双方所处的法律地位不平等，行使国家征税权的税务机关始终处于主体地位。

（4）税务检查。

税务检查是指税务机关依法对纳税人履行缴纳税款义务和扣缴义务人履行代扣、代收税款义务的状况所进行的监督检查。纳税人、扣缴义务人必须接受税务机关依法进行的税务检查，如实反映情况，提供有关资料，不得拒绝、隐瞒。税务机关在依法进行税务检查时，有关部门和单位应当支持、协助。通过税务检查，有助于查处偷税、漏税和逃骗税等违法行为，确保税收足额入库，也有利于帮助纳税人端正经营方向，促使其加强经济核算，提高经营效益。

CHAPTER TWO

第二章 初识税务会计

税务会计通常有两种解释，一种解释为它属于一种涉税的经济活动，另一种解释为它是一种职位名称，主要处理涉税事务。第二种解释显然是以第一种解释为基础的；根据第一种解释，税务会计是以纳税人为会计主体，以货币为主要计量单位，依据税收法规，运用会计基本理论和方法，对税务资金运动进行连续、系统、全面的核算与筹划，目的在于使纳税人在不违反税法的前提下，及时、准确地缴纳税金并向税务部门提供税务信息的经济管理活动。我们接下来了解有关税务会计的常识。

2.1 税务会计的由来

我们已经知道，纳税人身份贯穿企业始终，企业发展的规模越大，那么涉税问题就会越复杂，涉税数额也会越多。基于税务问题的特殊性，尤其是企业如果在涉税问题上处理不慎，很有可能影响企业的正常生产与经营活动。所以，企业开展卓有成效的税务管理就变得很重要。

另外，我国税法越来越健全，税收管理越来越严格、计算方式越来越复杂，企业会计准则、企业会计制度以及一系列税收法律、法规的完善，使得财务会计与税务会计的目标逐渐出现差异，它们对会计事项的要求也随之出现了分歧，于是，税务会计与财务会计的分离问题开始引起了人们的普遍关注。

我国在2001年12月加入WTO以后，职业资格岗位的设置逐渐向国际市场靠拢。其中，国际上普遍实行税务会计与财务会计相分离，这样的话，财务会计可以有充分的独立性，而纳税人的纳税事项则通过设立税务会计另行处理，从而使税务会计必须与财务会计分离，成为企业内部单独的一项经济管理职能。

基于此，企业税务管理岗位的从业人员，便成为企业管理涉税事务的直接代表和责任人。那么，税务会计与财务会计有着什么样的区别与联系呢？主要表现为这样几个方面：

（1）从目的上来说，税务会计以税收法律制度为准绳，为国家征税服务；而财务会计在于满足国家宏观经济管理的要求，满足企业内部管理的需要，满

足有关方面了解企业财务状况及经营成本的需要。

（2）从职能依据上来看，税务会计以税法为依据，对财务会计的数据需作必要的调整，而财务会计以会计准则为处理依据。

（3）从职能范围上来说，税务会计按税法规定的要求，有选择地对相关经济业务进行核算，反映的是纳税人履行纳税义务的概况；而财务会计则要对每一笔经济业务进行记录，反映整个企业的财务状况、经营成果和资金流转情况。

由此可见，税务会计有着自己独特的内容。那么，税务会计具体要做哪些事情呢？

2.2 税务会计要做的事

税务会计在企业中的基本职能，主要包括：对纳税人的纳税义务及其缴纳情况进行记录、计算、汇总，并编制出纳税申报表；对纳税人的纳税义务及其缴纳情况，进行控制、检查，并对违法行为加以纠正和制裁。

一般来说，上述的反映和监督，只能在作为纳税人的企业单位里进行，并由企业纳税人的会计人员，即税务会计人员去实施。

在税务会计人员的具体从业内容上，主要包括：经营收入的确认、成本费用的计算、经营成果的确定、税额的计算、税款解缴、罚金缴纳和税收减免等业务的会计处理。

其中，企业的经营收入是企业在生产经营过程中，销售商品或提供劳务所取得的各种收入，成本费用是企业单位在生产经营过程中为取得经营收入而发生的耗费，两者的差额即为经营成果（利润）。

此外，我们在统计了大量企业对税务会计职能的描述后，对税务会计的具体职能进行了如下总结：

（1）负责增值税发票、普通发票、建安劳务发票等各种发票领购、保管，按规定及时登记发票领购簿。

（2）开具增值税发票、普通发票、建安劳务发票。对异地纳税要开出外出经营活动证明并作登记备查。

（3）对各种发票特别是增值税专用发票进行审核，及时进行发票认证。

（4）规范本地、异地各项涉税事项的核算、管理流程，对发现的问题及时反映。

（5）负责编制国税、地税需要的各种报表，每月按时进行纳税申报，用好税收政策，规避企业涉税风险，依法纳税；负责减免税、退税的申报。

（6）填报公司涉税的各种统计报表。

（7）负责主营业务税金及附加、应交税费、所得税科目凭证填制及账簿明细的登记、核对。

（8）负责账簿凭证的及时装订，税务相关资料的装订存档。

（9）每月对纳税申报、税负情况进行综合分析，提出合理化建议。

（10）其他涉税事务，如必要情况下接洽税务机关的检查等。

那么，税务会计在做上述工作时，需要遵循什么样的原则呢？

2.3 税务会计的原则

由于税务会计在从事业务上的独特性，所以税务会计在工作中需要遵循以下原则：

（1）修正的应收应付制原则。

在会计活动中，收入实现制也称为现金制，它突出地反映了税务会计的一项重要原则，即现金流动原则。该项原则是确保纳税人有能力支付应纳税款，而使政府获取财政收入的基础。而在财务会计中，根据财务会计准则的要求，一般采用权责发生制，又称为应收应付制，即按照收入已经实现，费用已经发生，并应由本期负担为标准来确认本期收入和本期费用。

所以，由于现金制不符合财务会计准则的规定，所以现金制多适用于个人和不从事商品购销业务的中小企业的纳税申报。鉴于税务机关通常采用应收应付制，所以税务会计便需在应收应付制的基础上进行若干修正，比如说，要考虑企业的支付能力，使得纳税人在最有能力支付时支付税款；使得收入和费用的实际实现要具有确定性；保护政府的财政税收。

举例来说，在收入的确认上，应收应付制的税务会计由于在一定程度上被支付能力原则所覆盖的现金制所限制，所以，在费用的扣除上，财务会计通常采用稳健性原则列入某些估计、预计费用，而在税务会计中，如果没有支付能力作为保障，便是不能够被接受的。因此，在税务会计中，适当对应收应付制进行修正，是很有必要的。

（2）与财务会计日常核算方法相一致原则。

尽管税务会计有不同于财务会计之处，但毕竟企业的经营活动一般通过财务会计的方式体现出来，而企业的应缴税款又以企业的经营收入为基础，所以，税务会计与财务会计存在着密切的联系。

基于此，税务会计一般应遵循各项财务会计准则，并据此确认该事项按税法规定确认的应纳税款，这就是“与日常核算方法相一致”的原则。这主要包括：对于已在财务报表中确认的全部事项的当期或递延税款，应确认为当期或递延所得税负债或资产；根据现行税法的规定计量某一事项的当期或递延应纳税款，以确定当期或未来年份应付或应退还的所得税金额；为确认和计量递延所得税负债或资产，不得预期未来年份赚取的收益或发生的费用的应纳税款或已颁布税法或税率变更的未来执行情况。

（3）划分营业收益与资本收益原则。

这两种收益具有不同的来源，并担负着不同的纳税责任，所以在税务会计中应严格区分。其中，营业收益是指企业通过其经常性的主要经营活动而获得的收入，其内容包括主营业务收入和其他业务收入两个部分，其税额的课征标准一般按正常税率计征；资本收益是指在出售或交换税法规定的资本性资产时所得的利益（如投资收益、出售或交换有价证券的收益等），一般包括纳税人除应收款项、存货、经营中使用的地产和应折旧资产、某些政府债券，以及除文学和其他艺术作品的版权以外的资产。

在具体实施中，资本收益的课税标准具有许多不同于营业收益的特殊规定。所以，为了正确地计算所得税负债和所得税费用，就应该有划分两种收益的原则和具体的划分标准。

（4）配比原则。

这本是财务会计的一般规范，将其应用于所得税会计后，便成为支持“所得税跨期摊配”的重要指导思想。由于所得税费用随同相关的会计收益在同一期间确认，我们从配比原则的两个特征——时间一致性和因果性来看，所得税的“跨期摊配”方法也符合收入与费用的配比原则。

（5）确定性原则。

这是指在所得税会计处理过程中，按所得税法的规定，在纳税收入和费用的实际实现上应具有确定性的特点，这一原则具体体现在递延方法的处理中。在递延方法下，当初的所得税税率是可确证的，递延所得税是产生暂时性差异的历史交易事项造成的结果。按当初税率报告递延所得税，符合会计是以历史成本为基础报告绝大部分经济事项的特点，提高了会计信息的可信性。这一原则也用于所得税的税前扣除，凡税前扣除的费用，其金额必须是确定的。

（6）可预知性原则。

这是支持并规范“债务法”的原则。基于此，未来年份应税收益只在逆转差异的限度内才被认可，即未来年份的应税收益仅仅受本年暂时性差异的影响，而不会预期未来年份赚取的收益或发生的费用。将可预知性原则应用于所得税会计处理，提高了对企业未来现金流量、流动性和财务弹性的预测价值。

（7）税款支付能力原则。

税款支付能力与纳税能力有所不同。其中，纳税能力是指纳税人应以合理的标准确定其计税基数，而有同等计税基数的纳税人应负担同一税种的同等税款。所以，纳税能力体现的是合理负税原则。而与企业的其他费用支出有所不同的是，税款支付全部对应现金的流出。

因此，我们在考虑纳税能力的同时，更应该考虑税款的支付能力。税务会计在确认、计量和记录收入、收益、成本、费用时，应选择那些能够保证税款支付能力的会计方法。

在了解上述税务会计的从业原则后，我们来了解税务会计的分类。

2.4 税务会计的分类

我们已经知道，税务会计要做的工作主要是税金核算、纳税申报，如果层次再高些的话，可能还会涉及税务筹划。由于“税”有不同的种类，主要包括流转税、所得税、财产税与行为税，所以税务会计也可以相应地分为流转税会计、所得税会计、财产税会计和行为税会计等。

在企业经营活动中，最为常见、最为重要的税种是流转税和所得税。其中，流转税又可以分为增值税、营业税，所得税主要包括企业所得税与个人所得税。除此以外，企业可能还会面临其他的税务问题，比如城镇土地使用税、印花税、城市维护建设税及教育附加税等。

举例来说，增值税会计，显然是主要处理企业增值税的核算与申报，做好企业的增值税缴纳事务，并确保企业不偷税、不漏税，因为这可能使企业承担一定违法成本；同时，增值税会计还要确保企业在正常缴税的情况下，选择最适合自己的纳税方案，避免企业承担不必要的缴税负担。比如说，企业在规模较小时，可以申请成为小规模纳税人，承担的征收率为3%，而作为一般纳税人的话，承担的增值税税率为17%。两者相比，假如企业有条件、并能够选择小规模纳税人的身份，显然对合理减轻税负有很大帮助。

当然，这也并不是绝对的。因为小规模纳税人不得扣减进项税额，而且在开具增值税专用发票时会受到一定限制，比如说，小规模纳税人在开具增值税发票时，需到国税局代开增值税专用发票，税率按3%计算，小规模纳税人开具给客户的增值税专用发票，仅能按照3%的税率抵扣进项。这样的话，假如企业规模扩大，合作伙伴增加，能够取得的进项税额也增加，可以抵扣税额的数量有了显著增加，那么，企业若继续保持小规模纳税人的身份，甚至可能会加重自己的税负，并不利于业务的开展。

所以，税务会计便需要精通各项税法，对不同的税种应该有深刻的认识。只有这样，才能成为一个合格乃至优秀的税务会计从业者。我们在接下来的篇章里，便会对不同税种所进行的会计处理进行一一解读。

中篇 税务核算与处理

在学习了前面的税务会计基础知识后，接下来便是税务会计的实际业务处理了。作为一名税务会计工作者，能够对各项税务进行核算与适当处理，让企业知道该缴什么税、应该缴纳多少、怎样计算应缴税金等，可以说是一项必备的工作本领。

我们在本篇通过不同的税种与税目划分，深入浅出地阐述这些税务的会计处理方法，从而快速进入税务会计从业者的行列。

中篇
税务核算与处理
PART Ⅱ

CHAPTER THREE

第三章 增值税会计

我们在前面已经提到，增值税是企业所承担税务中非常重要的一种税，而且根据“营改增”的趋势，增值税的阵容将会进一步扩大。由于增值税是对产品增值环节予以课税，属于一种流转税，而在企业经营中，可以确认产品增值的环节又比较烦琐，这在生产制造性企业里尤为突出。当然，其他行业里的企业也面临增值税计算烦琐的状况。

所以，企业对增值税的核算与认定成为一件重要的工作，对于很多税务会计工作者来说，能够核算与处理增值税事务，可以说是一种基本要求。

3.1 增值税要征哪些税

增值税是以商品（含应税劳务）在流转过程中产生的增值额作为计税依据而征收的一种流转税。从计税原理上说，增值税是对商品生产、流通、劳务服务中多个环节的新增价值或商品的附加值征收的一种流转税。

在税额计算上，增值税实行价外税，即有增值才征税，没增值不征税。在实际操作中，商品新增价值或附加值在生产和流通过程中是很难准确计算的。我国在计算增值税时，主要采用国际上普遍采用的税款抵扣办法，也就是根据销售商品或劳务的销售额，按规定的税率计算出销售税额，然后扣除取得该商品或劳务时所支付的增值税款，也就是进项税额，其差额就是增值部分应交的税额。

通过这种计算方法，可以有效地避免重复征税，并体现出按增值因素计税的原则。在我国，增值税由国家税务局负责征收，其中75％构成中央财政收入，25％构成地方财政收入；对于进口环节的增值税，则由海关负责征收，该项税收收入全部为中央财政收入。

增值税的征税行为主要包括三种，分别是进口货物、销售有形动产与提供修理修配劳务。此外，还有些特殊的行为需“视同销售”，要缴纳增值税，这些视同销售的行为主要是：

（1）将货物交由他人代销；

（2）代他人销售货物；

（3）将货物从一地移送至另一地（同一县市除外）；

（4）将自产或委托加工的货物用于非应税项目；

（5）将自产、委托加工或购买的货物作为对其他单位的投资；

（6）将自产、委托加工或购买的货物分配给股东或投资者；

（7）将自产、委托加工的货物用于职工福利或个人消费；

（8）将自产、委托加工或购买的货物无偿赠送他人。

除了上述需征收增值税的行为，还有些行为可以免征增值税，它们具体包括：

（1）农业生产者销售的自产农产品；

（2）避孕药品和用具；

（3）古旧图书；

（4）直接用于科学研究、科学试验和教学的进口仪器、设备；

（5）外国政府、国际组织无偿援助的进口物资和设备；

（6）由服务于残疾人的组织直接进口供残疾人专用的物品；

（7）销售的自己使用过的物品。

除了上述免征增值税的规定外，增值税的免税、减税项目由国务院规定，任何地区、部门均不得规定免税、减税项目。

通过了解上述增值税的征收范围，税务会计人员在确定与核算增值税时，便可以做到有的放矢。此外，我们在实际操作中，会把增值税纳税人分为一般纳税人和小规模纳税人，两者之间适用的税率是否相同？我们接下来进行详细阐述。

3.2 增值税的税率与征收率

我们在认识增值税的税率与征收率时，首先需要了解一般纳税人与小规模纳税人。

所谓一般纳税人，是指年应征增值税销售额（即年应税销售额，通常包括一个公历年度内的全部应税销售额）超过财政部规定的小规模纳税人标准的企业和企业性单位。一般纳税人的典型特点是增值税进项税额可以抵扣销项税额。

所谓小规模纳税人，是指年销售额在规定标准以下，并且会计核算不健全，不能按规定报送有关税务资料的增值税纳税人。这里说的“会计核算不健全”，是指不能正确核算增值税的销项税额、进项税额和应纳税额，因而小规模纳税人适用3%的征收率来缴纳增值税。

那么，一般纳税人与小规模纳税人是如何认定的呢？

对于一般纳税人的认定标准来说，如果其年应税销售额超过财政部、国家税务总局规定的小规模纳税人标准的，应当向主管税务机关申请一般纳税人资格认定；对于年应税销售额未超过财政部、国家税务总局规定的小规模纳税人标准以及新开业的纳税人，可以向主管税务机关申请一般纳税人资格认定。

总体来说，一般纳税人需符合这些条件：有固定的生产经营场所；能够按照国家统一的会计制度规定设置账簿，根据合法、有效凭证核算，能够提供准确的税务资料。可见，企业如果要做到这些，通常需要税务会计人员的积极参与。

另外，国家也对若干对象不予认定一般纳税人资格，主要包括：个体工商户以外的其他个人；选择按照小规模纳税人纳税的非企业性单位；选择按照小规模纳税人纳税的不经常发生应税行为的企业；非企业性单位；销售免税货物的企业。

小规模纳税人的认定标准主要是：

（1）从事货物生产或者提供应税劳务的纳税人，以及以从事货物生产或者提供应税劳务为主，并兼营货物批发或者零售的纳税人，年应征增值税销售额（即应税销售额）在50万元以下（含本数）的。其中，"以从事货物生产或者提供应税劳务为主"是指纳税人的年货物生产或提供应税劳务的销售额占全年应税销售额的比重在50%以上。

（2）对上述规定以外的纳税人，年应税销售额在80万元以下的。

（3）年应税销售额超过小规模纳税人标准的其他个人按小规模纳税人纳税。

（4）非企业性单位、不经常发生应税行为的企业可选择按小规模纳税人纳税。

我们在弄清楚一般纳税人与小规模纳税人的概念后，接下来了解增值税基于两者不同的划分而确定的税率及征收率。我们已经知道，小规模纳税人一般适用3%的征收率，那么，我们要了解的是一般纳税人适用增值税税率的规定。

在一般纳税人所适用的增值税税率中，主要包括17%、13%、11%、6%、0%，我们接下来进行逐项阐述。

（1）适用17%税率。

包括：销售货物或者提供加工、修理修配劳务以及进口货物；提供有形动产租赁服务。

（2）适用13%税率。

包括：粮食、食用植物油；自来水、暖气、冷气、热水、煤气、石油液化气、天然气、沼气、居民用煤炭制品、二甲醚；图书、报纸、杂志、音像制品、电子出版物；饲料、化肥、农药、农机、农膜、农产品。

（3）适用11%税率。

主要适用于提供交通运输业服务。

（4）适用6%税率。

主要适用于提供现代服务业的服务（有形动产的租赁服务除外）。

（5）适用0%税率。

主要包括出口货物等特殊业务。

另外，对于一般纳税人，除了有相应的税率规定，也会有些关于征收率的规定，它们主要是：

（1）对于一般纳税人销售自己使用过的固定资产，应按简易办法依4%征收率减半征收增值税。

（2）小规模纳税人销售自己使用过的固定资产，减按2%征收率征收增值税。

（3）一般纳税人若销售自产的下列货物，可选择按照简易办法依照6%征收率计算缴纳增值税：

①县级及县级以下小型水力发电单位生产的电力。小型水力发电单位，是指各类投资主体建设的装机容量为5万千瓦以下（含5万千瓦）的小型水力发电单位；

②建筑用和生产建筑材料所用的沙、土、石料；

③以自己采掘的沙、土、石料或其他矿物连续生产的砖、瓦、石灰（不含黏土实心砖、瓦）；

④用微生物、微生物代谢产物、动物毒素、人或动物的血液或组织制成的生物制品；

⑤自来水；

⑥商品混凝土（仅限于以水泥为原料生产的水泥混凝土）；

⑦一般纳税人选择简易办法计算缴纳增值税后，36个月内不得变更。

（4）一般纳税人销售以下物品，按4%征收率计算缴纳增值税：

①寄售商店代销寄售物品（包括居民个人寄售的物品在内）；

②典当业销售死当物品。

通过上述增值税税率与征收率的不同可知，税务会计在计算应纳税额时，可以适当并合理地靠近税率低的计税方法，这便引申出我们下面要阐述的增值税优惠政策的运用。

3.3 了解增值税的优惠政策

税务会计在处理增值税问题时，如果能够洞悉税法中的优惠政策，必然有利于优化企业的纳税行为，并在一定程度上减轻企业的缴税负担。其实，所谓增值税的优惠政策，主要便是考虑选用哪一个更低的税率，从而使企业合理、合法地减少缴税支出。一般情况下，国家在某些税收上的优惠政策，总与某种宏观调控紧密相关，并以税收的手段进行调节。

我们结合上述内容，对国家税法中规定的增值税优惠政策进行了如下总结：

（1）农业类增值税优惠政策。

这主要体现了国家对“三农”问题的扶持，这些优惠政策包括：

①农业生产者销售的自产农产品免征增值税。这里的农业，是指种植业、养殖业、林业、牧业、水产业；农业生产者，包括从事农业生产的单位和个人；农产品，主要指初级农产品。

②部分农业生产资料免征增值税。比如，农膜；生产销售的氮肥、除磷酸二铵以外的磷肥以及以免税化肥为主要原料的复混肥，其中，可以享受免征增值税优惠政策的复混肥是指企业生产复混肥产品所用的免税化肥成本占原料中全部化肥成本的比重高于70%；批发和零售的种子、种苗、化肥、农药、农机。

③从2004年12月1日起，对化肥生产企业生产销售的钾肥，由免征增值税改

为实行先征后返。

④部分饲料产品免征增值税。具体包括：单一大宗饲料，指以一种动物、植物、微生物或矿物质为来源的产品或其副产品；混合饲料，指由两种以上单一大宗饲料、粮食、粮食副产品及饲料添加剂按照一定比例配置，其中单一大宗饲料、粮食及粮食副产品的掺兑比率不低于95％的饲料；配合饲料，指根据不同的饲养对象，以及饲养对象的不同生长发育阶段的营养需要，将多种饲料原料按饲料配方经过工业生产后，形成的能满足饲养动物全部营养需要（除水分外）的饲料；复合预混料，指能够按照国家有关饲料产品的标准要求量，全面提供动物饲养相应阶段所需微量元素（4种或以上）、维生素（8种或以上），由微量元素、维生素、氨基酸和非营养性添加剂中任何两类或两类以上的成分与载体或稀释剂，按一定比例配置的均匀混合物；浓缩饲料，指由蛋白质、复合预混料及矿物质等按一定比例配制的均匀混合物。

⑤从2008年7月1日起，农民专业合作社可执行相关增值税优惠政策，包括：农民专业合作社销售本社成员生产的农业产品，视同农业生产者销售自产农业产品免征增值税；对农民专业合作社向本社成员销售的农膜、种子、种苗、化肥、农药、农机，免征增值税。

（2）软件产品增值税优惠政策。

①我国从2011年1月1日起，增值税一般纳税人销售其自行开发生产的软件产品，按17%税率征收增值税后，对其增值税实际税负超过3%的部分实行即征即退政策。将进口软件产品进行本地化改造后对外销售的，也可享受增值税即征即退政策。

所谓本地化改造，是指对进口软件产品进行重新设计、改进、转换等，单纯对进口软件产品进行汉字化处理不包括在内。软件产品主要包括计算机软件产品、信息系统和嵌入式软件产品，其中，嵌入式软件产品是指嵌入在计算机硬件、机器设备中并随其一并销售，构成计算机硬件、机器设备组成部分的软件产品。

②纳税人受托开发软件产品，著作权属于受托方的征收增值税，著作权归

委托方所有或属于双方共同拥有的，不征收增值税；对经过国家版权局注册登记，纳税人在销售时一并转让著作权、所有权的，不征收增值税。

（3）资源综合利用产品增值税优惠政策。

①对销售这些自产货物的，实行免征增值税政策，它们包括：再生水，即对污水进行回收与处理后，达到一定水质标准，并在一定范围内重复利用的水资源；以废旧轮胎为全部生产原料生产的胶粉；翻新轮胎；生产原料中掺兑废渣比例不低于30%的特定建材产品，这些建材产品主要指砖（不含烧结普通砖）、墙板、管材、混凝土、砂浆、道路井盖、道路护栏、防火材料、保温材料等。

②对污水处理、并达到法定标准的劳务免征增值税。

③对销售这些自产货物实行增值税即征即退的政策，它们主要包括：以工业废气为原料生产的高纯度二氧化碳产品；以垃圾为燃料生产的电力或者热力，这里所称的“垃圾”，是指城市生活垃圾、农作物的秸秆、树皮废渣、污泥、医疗垃圾；以煤炭开采过程中伴生的舍弃物油母页岩为原料生产的页岩油；以废旧沥青混凝土为原料生产的再生沥青混凝土等。

④销售这些自产货物实现的增值税，实行即征即退50%的政策，它们主要包括：以退役军用发射药为原料生产的涂料硝化棉粉；对燃煤发电厂及各类工业企业产生的烟气、高硫天然气进行脱硫生产的副产品；以废弃酒糟和酿酒底锅水为原料生产的蒸汽、活性炭、白碳黑、乳酸、乳酸钙、沼气；以煤矸石、煤泥、石煤、油母页岩为燃料生产的电力和热力；利用风力生产的电力；部分新型装饰材料。

⑤对销售自产的综合利用生物柴油实行增值税先征后退政策。其中，综合利用生物柴油，是指以废弃的动物油和植物油为原料生产的柴油，而且废弃的动物油和植物油用量占生产原料的比重不低于70%。

（4）促进残疾人就业增值税优惠政策。

这主要包括：对残疾人个人提供的加工、修理修配劳务免征增值税；对安置残疾人的单位，符合一定条件的，实行由税务机关按单位实际安置残疾人的人数，限额即征即退增值税。

（5）再生资源增值税优惠政策。

我国从2009年1月1日起，对再生资源回收企业实行增值税“先征后返”的退税政策。

（6）医疗机构增值税优惠政策。

这主要包括：对非营利性医疗机构自产自用的制剂，免征增值税；对营利性医疗机构取得的收入，直接用于改善医疗卫生条件的，自其取得执业登记之日起，3年内对其自产自用的制剂免征增值税，3年免税期满后恢复征税。

（7）按简易办法征收增值税的优惠政策。

所谓“简易办法”，主要指根据企业的生产经营所得按照一定征收率进行征收，关于这一点，我们在前面所述的小规模纳税人征收率中已进行阐述。

（8）低税率增值税优惠。

比如说，正常情况下，一般纳税人的增值税税率为17%，对于一些国家需要扶持的行业，可以减按13%、11%、6%，甚至免征增值税。对此，我们在前面也已进行了阐述。

3.4 增值税怎样核算与申报

我们通过前面所述已经知道，增值税属于一种价外税。所谓价外税，显然不包含在价格中，从而实现价格与税的分离。由于价格等于生产成本与平均利润之和，所以企业的销售额就等于货款（含税价格）减去税款，便求出了企业产品的不含税价格。

基于此，一般纳税人增值税的计算步骤与公式为：

$$应纳税额=当期销项税额-当期进项税额$$

$$销项税额=销项额\times 税率$$

$$销售额=\frac{含税销售额}{1+税率}$$

其中，所谓销项税额，是指纳税人提供应税服务按照销售额和增值税税率计算的增值税额；进项税额，是指纳税人购进货物或者接受加工修理修配劳务和应税服务，支付或者负担的增值税税额。

举例来说，A公司2014年4月份因购买甲产品而支付货款100万元，产生增值税进项税额17万元，取得增值税专用发票；A公司销售甲产品的含税销售额为234万元。那么，我们在核算A公司的增值税应纳税额时，可采用如下计算步骤：

进项税额＝17万元

$$销项税额=\frac{234}{1+17\%}\times 17\%=34（万元）$$

应纳税额＝34－17＝17（万元）

通过上述计算可知，A公司应纳增值税数额为17万元。

此外，对于小规模纳税人的应纳增值税额，其计算步骤与公式为：

> 应纳税额＝销售额×征收率
>
> $$销售额=\frac{含税销售额}{1+征收率}$$

在增值税的缴税起征点上，若应税服务的销售额未达到增值税起征点，则免征增值税；若达到起征点的，须全额计算缴纳增值税。另外，增值税起征点不适用于认定为一般纳税人的个体工商户。增值税的起征点具体为：按期纳税的，为月应税销售额达到5000～20000元（含本数）；按次纳税的，为每次（日）销售额300～500元（含本数）。

一般纳税人可以对外开具增值税发票。这里的增值税发票主要包括增值税普通发票和增值税专用发票，两者的主要区别是增值税专用发票可以抵扣进项税款。

企业在核算完增值税后，接下来便需要向税务机关进行纳税申报。通常来说，企业的增值税纳税申报时间，与主管的国税机关核定的纳税期限紧密联系。增值税的纳税期限分别为1日、3日、5日、10日、15日、1个月或者一个季度，其中，以1个月或者1个季度为一个纳税期的纳税人，自期满之日起15日内申报纳税；以1日、3日、5日、10日或15日为一个纳税期的纳税人，自期满之日起5日内预缴税款，次月1日至15日申报并结清上月应纳税款。以一个季度为纳税期限的规定仅适用于小规模纳税人。

在纳税时，增值税固定业户向机构所在地税务机关申报纳税，增值税非固定业户向销售地税务机关申报纳税。根据国家税务总局的最新规定，增值税一般纳税人纳税申报表及其附列资料包括：

（1）《增值税纳税申报表（适用于增值税一般纳税人）》；

（2）《增值税纳税申报表附列资料（一）》（本期销售情况明细）；

（3）《增值税纳税申报表附列资料（二）》（本期进项税额明细）；

（4）《增值税纳税申报表附列资料（三）》（应税服务扣除项目明细）；

（5）《固定资产进项税额抵扣情况表》。

在了解企业的税金核算与纳税申报流程后，我们接下来看作为一般纳税人的企业，应该怎样对增值税进行会计处理。

3.5 一般纳税人的增值税会计处理

我们在对一般纳税人增值税进行会计处理时，主要采取如下的会计处理（需要说明的是，“借”与“贷”是会计记账中的常用符号，遵循收支平衡的原理，因而同一项目的“借”与“贷”总是平衡的）：

（1）进项税额允许抵扣时的会计处理。

这主要包括以下情况：

①企业从国内采购的货物，并取得增值税专用发票。

借：应交税金——应交增值税（进项税额）

材料采购，原材料、制造费用等

贷：应付账款、应付票据、银行存款

②企业接受投资转入的货物，并取得增值税专用发票。

借：应交税金——应交增值税（进项税额）

原材料等

贷：实收资本等

③企业接受捐赠转入的货物，并取得专用发票。

借：应交税金——应交增值税（进项税额）

原材料等

贷：资本公积

④企业接受劳务，取得增值税专用发票。

借：应交税金——应交增值税（进项税额）

其他业务支出，委托加工材料等

贷：应付账款、银行存款

⑤企业进口货物，按海关提供的完税凭证上注明的增值税额。

借：应交税金——应交增值税（进项税额）

材料采购等

贷：银行存款等

（2）进项税额不允许抵扣时的会计处理。

这主要包括以下情况：

①虽然取得增值税专用发票，但按规定不允许记入进项税额的部分，根据专用发票第2联，依照实际支付金额全额登记有关账户。

借：原材料（或材料采购）等科目（按照实际支付金额计入账目）

贷：银行存款等科目

②购进时取得了增值税专用发票，但购进过程中发生非正常损失。于是，实际运到企业入库的货物就不是专用发票所列的金额，相应地，其注明的税款也应调整。其购进货物按实存数量和买价估价入账，损失部分记入“待处理财产损益”（待处理流动资产损益）科目，待查明原因后再进行账务处理。此时，凭专用发票第2联和“报损单”等凭证记账。

借：待处理财产损益——待处理流动资产损益（损失部分的价税合计）

原材料（未损失部分）

应交税金——应交增值税（进项税额）（未损失部分所含的税款）

贷：银行存款（材料采购）等科目

③生产周转过程的处理。在生产周转过程中，一般情况下，按正常的生产经营业务进行会计核算，但若发生这些情况，就会涉及增值税的计算：有用于非应税项目、免税项目、集体福利或个人消费的购进货物或应税劳务；非正常损耗的在产品、产成品所用购进货物或应税劳务。对于这些情况，应分别核算

正常的生产经营业务与非正常的生产经营业务各自所耗原材料及进项税额，并予以相应的会计处理。

（3）销项税额的核算。

①对于销售货物及提供应税劳务的会计处理如下：

借：应收账款、应付利润等

　贷：应交税金——应交增值税（销项税额）

　　　产品销售收入，其他业务收入等

②对于发生的销货退回，则与上述会计处理方式相比，作相反的会计分录。

③视同销售货物的会计处理。其中，企业将自产或委托加工的货物用于非应税项目或用于集体福利，按照视同销售货物计算应交增值税。

借：应交税金——应交增值税（销项税额）

　　营业外支出等

　贷：应交税金——应交增值税（销项税额）

（4）包装物及未退还押金的会计处理。

①随同产品出售但单独计价的包装物，按规定应交增值税。

借：应收账款等

　贷：应交税金——应交增值税（销项税额）

②企业逾期未退还的包装物押金，按规定应交增值税。

借：其他应付款等

　贷：应交税金——应交增值税（销项税额）

（5）出口退税的会计处理。

①企业在收到出口货物退回的税款时，应做会计分录如下：

借：银行存款

　贷：应交税金——应交增值税（出口退税）

②对于出口货物办理退税后发生退货，企业需要退回一定税款时，所做的会计分录与上述做法相反。

（6）企业上交增值税的会计处理。

①一般会计处理方式：

借：应交税金——应交增值税（已交税金）

　贷：银行存款

②若企业收到税务机关退回多缴税款时，应做与上述相反的会计处理。

③月份终了时，企业应将当日发生的应交未交增值税自“应交税金——应交增值税”科目转入“未交增值税”明细科目。

借：应交税金——应支增值税（转出未交增值税）

　贷：应交税金——未交增值税

④当月上交上个月应交未交的增值税时：

借：应交税金——未交增值税

　贷：银行存款

（7）增值税纳税检查后的账务调整。

此时，企业应设立“应交税金——增值税纳税检查调整”专门账户。凡是检查后应调减账簿上的进项税额或调增销项税额和进项税额转出的数额，借记“有关科目”，贷记“本科目”；凡是检查后应调增账簿进项税额或调减销项税额，借记“本科目”，贷记“有关科目”；全部调账事项入账后，应结出本账户的余额，并对该余额进行处理如下：

①若余额在借方，全部视同留抵进项税额，按借方余额数，借记“应交税金——应交增值税（进项税额）”科目，贷记“本科目”。

②若余额在贷方，且“应交税金——应交增值税”的账户无余额，按贷方余额数，借记“本科目”，贷记“应交税金——未交增值税”科目。

③若本账户的余额在贷方，“应交税金——应交增值税”的账户有借方余额且等于或大于这个贷方余额，按贷方余额数，借记本科目，贷记“应交税金——应交增值税”科目。

④若本账户的余额在贷方，“应交税金——应交增值税”账户有借方余额但小于这个贷方余额，应将这两个账户的余额冲出，其差额贷记“应交税金——未交增值税”科目。

⑤上述账务调整应按纳税期逐期进行。

我们接下来通过一个案例予以辅助说明一般纳税人在增值税方面的会计处理。

案例

F食品供应商为一般纳税人，2014年1月发生如下业务：

从小规模纳税人G公司处购进大米，收购凭证上注明的价款为80万元；

卖给A粮食加工企业大米一批，收到货款30万元，同时支付承运部门运费，货票抬头为F食品供应商，金额为3万元；

采用分期收款方式卖给B粮食加工企业一批大豆，销售额为10万元，合同规定分三次付款，运费由B方承担，第一次付款4万元已收到，其余两次付款在3月份付清，F食品供应商代垫运费1万元，承运部门开出抬头为买方的货票，F食品供应商已将货票转给买方；

F食品供应商用自己的货车运销给C粮食加工企业小麦一批，收入20万元，同时收到买方支付的运费1.5万元。

根据上述经济往来情况，假如说作为F食品供应商的税务会计人员，应该怎样计算出本期应交纳的增值税呢？我们拟定上述销售价格均为不含税价格，而且F食品供应商适用的增值税税率为13%。

首先，我们可以计算出销售额。

F食品供应商的销售额合计为：

30＋4＋20＋1.5＝55.5（万元）

其次，我们来计算F食品供应商的销项税额为：

55.5×13%＝7.215（万元）

再次，我们来计算F食品供应商的进项税额。

F食品供应商的进项税额为：

80×13%＋3×7%＝10.61（万元）

那么，F食品供应商当期应纳增值税为：

7.215－10.61＝－3.395（万元）

由于F食品供应商的当期应纳增值税额为负数，因此，应该结转下期继续抵扣。

3.6 小规模纳税人的增值税会计处理

小规模纳税人的认定条件里有一条是“不能正确核算增值税的销项税额、进项税额和应纳税额”，可见，小规模纳税人的增值税会计处理相对于一般纳税人而言，要简单得多。下面，我们结合案例阐述小规模纳税人的增值税会计处理。

（1）小规模纳税人销售额的确定。

案例

G商店为小规模纳税人，本期实现的销售收入为46万元，并将所收款项全部送存银行。于是，G商店在期终进行的会计处理为（注：商业企业属于小规模纳税人的，其适用的增值税征收率为3%）：

销项额 $=\frac{46}{1+3\%}=44.66$（万元）

本期应纳增值税额 $=44.66\times3\%=1.34$（万元）

那么，G商店在做会计分录时如下：

①在计算收入时：

借：银行存款46万元

　贷：主营业务收入44.66万元

　　　应交税金——应交增值税1.34万元

②在缴纳税金时：

借：应交税金——应交增值税1.34万元

贷：银行存款1.34万元

（2）小规模纳税人销售计价及税金缴纳的调整。

案例

小规模纳税人E企业将生产的某产品以成本价售与其他单位。该产品的成本为10元/件，而市场上同类产品的售价为16元/件，E企业共售出该产品6000件，并按3%计算了增值税。经税务人员审查后，认定该批产品的售出价格明显偏低，因此导致该企业少交了税款。

已知E企业原来的会计分录为：

借：银行存款61800元

贷：主营业务收入——某产品销售额60000元

应交税金——应交增值税（销项税额）1800元

上述会计分录的计算步骤为：

销售额＝6000×10＝60000（元）

销项税额＝60000×3%＝1800（元）

税务人员认定，E公司需重新计算其产品售价，应改按每件16元的售价计税。所以，E公司应补做的会计分录为（此处用补充登记做法分录）：

借：应收账款——（购买单位）1080元

贷：应交税金——应交增值税（销项税额）1080元

该会计分录的计算步骤为：

销项税额＝60000×16×3%＝2880（元）

应补缴税金＝2880－1800＝1080（元）

如果E公司的产品没有可供参照的市场价格，那么税务人员可参照组成计税价格的公式来计算计税价格。假定税务局选定该产品的成本利润率为15%，那么E公司的该产品可定价为：

计税价格＝10×（1＋15%）＝11.5（元）

这时，E公司应补做的会计分录为：

借：应收账款——（购买单位）270元

贷：应交税金——应交增值税（销项税额）270元

该会计分录的计算步骤为：

计税价格＝60000×11.5×3%＝2070（元）

应补缴税金＝2070－1800＝270（元）

（3）小规模纳税人进项税额的确定及其处理。

我们需要了解的是，由于小规模纳税人不得填开或索取增值税专用发票，也不得进行销项税额与进项税额的抵扣，所以，它在会计处理方面必然有别于一般纳税人。通常情况下，实行定率法计算应纳增值税的小规模纳税人，在购入货物及接受劳务时支付的增值税额，应该直接计入有关货物及劳务的成本。

案例

C公司为小规模纳税人，本期购入的生产材料为60万元，购入货物的适用税率为13%。C公司以银行存款支付购入生产材料款项（注：小规模纳税人购入生产材料向出售方支付的增值税直接计入材料采购成本）。

C公司的进项税额为：60×13%＝7.8（万元）

于是，C公司应做的会计分录如下：

借：材料采购7.8万元

贷：银行存款7.8万元

（4）小规模纳税人销项税额的确定及其会计处理。

案例

B公司为小规模纳税人，本期对外销售的产品为60万元，对外提供劳务的收入为10万元。本月末只收取了劳务收入的款项，下月初支付应交税金。已知B公司适用的征收率为3%。那么，B公司的增值税应纳税额为：

（60＋10）×3%＝2.1（万元）

B公司本月末应做的会计分录如下：

借：应收账款——（各购买单位）60万元

银行存款10万元

贷：主营业务收入70万元

借：应收账款——（各购买单位）2.1万元

贷：应交税金——应交增值税2.1万元

另外，B公司可以改作这样的复合分录：

借：应收账款——（各购买单位）62.1万元

银行存款10万元

贷：主营业务收入——产品60万元

主营业务收入——劳务10万元

应交税金——应交增值税2.1万元

B公司下月初支付税金时做如下会计分录：

借：应交税金——应交增值税2.1万元

贷：银行存款2.1万元

总之，在了解了一般纳税人和小规模纳税人的增值税会计处理方法后，可以说，很多企业，无论新办企业，还是老企业扩大规模，常会遇到增值税纳税人身份的选择问题。如果选择不好，可能会对税负有较大影响。对于这个问题，我们在前面已经有所阐述，税务会计在具体操作时，可以参考在不同纳税人身份下的税负率为多少，并从中选择税负率较低的情况。

关于税负率，有如下的计算步骤和公式：

$$税负率=\frac{当期应纳增值税}{当期应税销售收入}$$

当期应纳增值税=当期销项税额-实际抵扣进项税额

$$实际抵扣进项税额=\left[\begin{array}{c}期初留抵进项税额+本期进项税额-\\进项转出额-出口退税-期末留抵进项税额\end{array}\right]$$

可以看出，要降低企业的税负率，同时还不影响企业的销售状况，可以适当增加进项税额。鉴于小规模纳税人不得抵扣进项税额，所以，很多企业在业务规模扩张到一定程度后，随着进项发票增多，甚至在有的时候，还可以出现进项税额多于销项税额的情况，在这时，显然选择一般纳税人的身份更为适宜。因此，企业究竟应该选择什么样的纳税身份，需要视自身发展情况而定。

CHAPTER FOUR

第四章 营业税会计

营业税应该是我们熟悉的一个概念。因为企业只要营业，并且产生了营业额，就要缴纳营业税。那么，什么是营业税呢？顾名思义，营业税就是对在我国境内提供应税劳务、转让无形资产或销售不动产的单位和个人，就其所取得的营业额征收的一种税。营业税是属于流转税的、我国的一个主要税种，但在国家“营业税改增值税”的税制改革中，可能会逐渐被增值税代替。不过从目前来看，营业税还是广泛地存在，也是税务会计需要经常面对的一个税种。

4.1 营业税要征哪些税

营业税主要针对三种行为进行征税，我们可以看下面的示意图：

营业税的征税行为
- 应税劳务
- 不动产销售
- 无形资产转让

那么，对营业税的这三种征税行为应该具体怎样理解呢？

首先，上述征税行为必须在我国境内发生，具体是指：提供或者接受应税劳务的单位或者个人在境内；所转让无形资产（不含土地使用权）的接受单位或个人在境内；所转让或者出租土地使用权的土地在境内；所销售或出租的不动产在境内。

对此，我国税法规定，对我国境内的单位或者个人在我国境外提供建筑业、文化体育业（除播映）的劳务暂免征收营业税；在此基础上，我国税法又进一步规定，对我国境内的单位或个人在我国境外向我国单位或个人提供的文化体育业（除播映），娱乐业，服务业中的旅店业、饮食业、仓储业，以及其他服务业中的沐浴、理发、洗染、裱画、誊写、镌刻、复印、打包劳务，不征收营业税。

其次，营业税中的应税劳务是指属于交通运输业、建筑业、金融保险业、邮电通信业、文化体育业、娱乐业、服务业税目征收范围的劳务。加工、修理修配劳务属于增值税范围，不属于营业税应税劳务。单位或者个体经营者聘用的员工为本单位或者雇主提供的劳务，也不属于营业税的应税劳务。

再次，提供应税劳务、转让无形资产或者销售不动产是指有偿提供应税劳务、有偿转让无形资产、有偿销售不动产的行为。有偿是指通过提供、转让、销售行为取得货币、货物、其他经济利益。

那么，营业税的纳税人包括哪些单位和个人呢？主要包括5类：

（1）铁路运输的纳税人。

这里面主要有：中央铁路运营业务的纳税人为铁道部（2013年3月10日划分出中国铁路总公司来承担企业纳税职责）；合资铁路运营业务的纳税人为合资铁路公司；地方铁路运营业务的纳税人为地方铁路管理机构；铁路专用线运营业务的纳税人为企业或其指定的管理机构；基建临管线铁路运营业务的纳税人为基建临管线管理机构。

（2）从事水路运输、航空运输、管道运输或其他陆路运输业务并负有营业纳税义务的单位，为从事运输业务并计算盈亏的单位。

从事运输业务并计算盈亏的单位应具备以下条件：一是利用运输工具，从事运输业务，取得运输收入；二是在银行开设有结算账户；三是在财务上计算营业收入、营业支出、经营利润。

（3）单位以承包、承租、挂靠方式经营的，承包人、承租人、挂靠人（以下统称承包人）发生应税行为，承包人以发包人、出租人、被挂靠人（以下统称发包人）名义对外经营并由发包人承担相关法律责任的，以发包人为纳税人；否则以承包者为纳税人。

（4）建筑安装业务实行分包或转包的，分包或转包者为纳税人。

（5）金融保险业纳税人。

这里面主要有：银行，包括人民银行、商业银行、政策性银行；信用合作社；证券公司；金融租赁公司、证券基金管理公司、财务公司、信托投资公司、证券投资基金；保险公司；其他经中国人民银行、中国证监会、中国保监会批准成立且经营金融保险业务的机构等。

除了上述5类营业税纳税人，对于一些难以确定纳税人、但又需纳税的情况，税法规定了扣缴义务人，比如说，建筑业工程实行总承包、分包方式的，以总承包人为扣缴义务人；单位或者个人进行演出，由他人售票的，其应纳税款以售票者为扣缴义务人，演出经纪人为个人的，其办理演出业务的应纳税款也以售票者为扣缴义务人等。

在了解营业税的征税行为与纳税人后，我们接下来看营业税具体包括的税目以及适用税率是多少。

4.2 营业税的税目与税率

我们在了解营业税的税目与税率前，可以先看下营业税具备什么样的特点。总体来说，营业税的特点包括以下几个方面：

首先，征税范围广。关于这点，我们通过前面的阐述已经知道，营业税的征税范围包括在我国境内提供应税劳务、转让无形资产和销售不动产的经营行为，关系到我国第三产业广泛的从业领域，与人们的日常生活紧密相关，因此，营业税的征税范围具有广泛性和普遍性。

其次，营业税的计算方法比较简便。营业税的计税依据为各种应税劳务收入的营业额、转让无形资产的转让额、销售不动产的销售额（三者统称为营业额），该项税收不受成本、费用高低影响，所以收入比较稳定；营业税实行比例税率，计征方法比较简便。

再次，税率多样化。营业税中包含多种税目，不同税目的税率也有着显著的差异。

我们接下来一一介绍营业税不同的税目与税率，这样的话，税务会计人员在工作中遇到不同的税目，便可以采用相应的税率来计算应纳税额。

（1）交通运输业。

适用税率为3%，征收范围包括：陆路运输、水路运输、航空运输、管道运输、装卸搬运。具体解释为：

①陆运：通过铁路、公路、缆车、索道及其他陆路运送货物或旅客的运输业务。

②水运：有通过江、河、湖、川等天然、人工水道或海洋航道运送货物或旅客的运输业务。打捞，比照水路运输征税。

③航运：通过空中航线运送货物或旅客的运输业务。通用航空业务、航空地面服务业务，比照航空运输征税。

④管运：通过管道设施输送气体、液体、固体物资的运输业务。

⑤装卸搬运：使用装卸搬运工具或人力、畜力将货物在运输工具之间、装卸现场之间或运输工具之间与装卸现场之间进行装卸和搬运的业务。搬家业务比照“装卸搬运”征税。

（2）建筑工程业。

适用税率为3%，征收范围包括：建筑、安装、修缮、装饰及其他工程作业。具体解释为：

①建筑：新建、改建、扩建各种建筑物、构筑物的工程作业，包括与建筑物相连的各种设备或支柱、操作平台的安装或装设工程作业，以及各种窑炉和金属结构工程作业在内。

②安装：生产设备、动力设备、起重设备、运输设备、传动设备、医疗实验设备及其他各种设备的装配作业、安置工程作业（包括与设备相连的工作台、梯子、栏杆的装设工程作业和被安装设备的绝缘、防腐、保温、油漆等工程作业）、有线电视安装费。

③修缮：对建筑物、构筑物进行修补、加固、养护、改善，使之恢复原来的使用价值或延长其使用期限的工程作业。

④装饰：有对建筑物、构筑物进行修饰，使之美观或有特定用途的工程作业。

⑤其他工程作业：代办电信工程、水利工程、道路修建工程、钻井工程、平整土地、搭脚手架、疏浚工程、爆破工程、拆除建筑物或构筑物工程、绿化工程等工程作业。

（3）金融保险业。

适用税率为5%，征收范围包括：金融、保险。具体解释为：

①金融：贷款业务、融资租赁业务、金融商品转让业务（包括转让外汇、有价证券、非货物期货的所有权的业务）、金融经纪业务、其他金融业务（包括银行结算和票据贴现业务）。

②保险：人身保险业务、责任保险业务。

（4）邮电通信业。

适用税率为3%，征收范围包括：邮政、电信。具体解释为：

①邮政：传递函件或包件、邮汇、报刊发行、邮务物品销售、邮政储蓄和其他邮政业务。集邮公司销售集邮商品业务征收营业税。

②电信：电报、电传、电话（包括有线电话、无线电话、寻呼电话、出租电话电路设备、代维修或出租广播电路、电视信号和邮电部门出售移动电话、寻呼机并为用户提供无线通信服务的业务）、电话安装（包括为用户安装固定或移动电话机的业务）、电信物品销售（包括在提供电信劳务的同时附带销售专用通用电信物品的业务）、其他电信的业务。

（5）文化体育业。

适用税率为3%，征收范围包括：文化业，包括表演、播映、其他文化业、经营游览场所；体育业，包括举办各种比赛和为体育比赛或体育活动提供场所的业务。具体解释为：

①表演：单位和个人进行戏剧、歌舞、时装、健美、杂技、民间艺术、武术体育等表演活动的业务。

②播映：通过电台、电视台、音响系统、闭路电视、卫星通信等无线或有线装置传播作品以及在电影院、影剧院、录像厅及其他场所放映各种节目的业务。不包括广告的播映业务。电台、电视台有偿性的节目收费按“播映”征税。

③其他文化业：各种展览、培训活动、举办文学、艺术、科技、讲座、演讲、报告会、图书馆的图书和资料借阅等业务。

④经营游览场所：公园、动（植）物园及其他各种游览场所销售门票的业务。

⑤体育业：单位和个人为举办体育比赛或体育活动提供场所的业务。

（6）娱乐休闲业。

适用税率为20%，征收范围包括：歌厅、舞厅、卡拉OK歌舞厅（包括夜总会、练歌房）、音乐茶座（包括酒吧）、网吧、高尔夫球、游艺（如射击、狩猎、跑马、游戏机、蹦极、卡丁车、热气球、动力伞、射箭、飞镖）。其中，为娱乐活动提供场所和服务的业务，包括在顾客进行娱乐活动的同时提供的饮食服务和饭馆、餐厅及其他饮食场所，为顾客在就餐的同时进行的自娱自乐形式的歌舞活动所提供的服务。对于经营内容是保龄球、台球，为顾客进行台球、保龄球活动提供场所和服务的业务，适用税率为5%。

（7）广告服务业。

适用税率为5%，征收范围包括：代理业、旅店业、饮食业、旅游业、仓储业、租赁业、广告业务及其他服务业。具体解释为：

①代理业：代购代销货物、代办进出口、介绍服务、其他代理服务的业务。

②旅店业：提供住宿服务的业务。

③饮食业：有通过同时提供饮食和饮食场所的方式为顾客提供饮食消费服务的业务。

④旅游业：为旅游者安排食宿、交通工具和提供导游等旅游服务的业务。

⑤仓储业：利用仓库、货物或其他场所代客储放、保管货物的业务。

⑥租赁业：在约定的时间内将场地、房屋、物品、设备或设施等转让他人使用的业务。将承租的场地、物品、设备等再转租给他人的行为，按“租赁”征税。

⑦广告业务：利用图书、报纸、杂志、广播、电视、电影、幻灯、路牌、招贴、橱窗、霓虹灯、灯箱等形式为介绍商品、经营服务项目、文体节目或通告、声明等事项进行宣传和提供相关服务的业务。

⑧其他服务业：沐浴、理发、洗染、照相、美术、裱画、誊写、打字、镌刻、计算、测试、装潢、打包、设计、制图、咨询、试验、化验、晒图、测绘、勘探等服务性业务。

（8）转让无形资产。

适用税率为5%，征收范围包括：转让土地使用权、专利权、非专利技术、商标权、著作权、商誉。具体解释为：

①转让土地使用权：单位和个人转让其受让的土地使用权行为、单位和个人转让已完成土地前期开发或正在进行土地前期开发，但未进入施工阶段的在建项目。

②转让专利权：转让专利技术的所有权或使用权的行为。

③转让非专利技术：转让非专利技术的所有权或使用权的行为。

④转让商标权：转让商标的所有权或使用权的行为。

⑤转让著作权：转让文字著作、图形著作（如画册、影集）、音像著作（如电影母片、录像带母带）的所有权或使用权的行为。

⑥转让商誉：转让商誉的使用权的行为。

（9）销售不动产。

适用税率为5%，征收范围包括：销售建筑物及其他土地附着物。其中，有偿转让建筑物或建筑物所有权、销售其他土地附着物所有权、以转让有限产权或永久使用权方式销售建筑物、单位和个人转让进入建筑物施工阶段的在建项目的行为均适用该税率。

此外，在营业税起征点问题上，我国税法规定：关于营业税起征点的幅度，按期纳税的，为月营业额5000～20000元；按次纳税的，为每次（日）营业额300～500元。

接下来，我们来了解营业税应该怎样核算与申报。

4.3 营业税怎样核算与申报

在计算营业税时，应遵循这样的计算公式：

营业税应纳税额＝计税营业额×适用税率

举例来说，T旅游公司在2014年4月取得旅游经营收入200万元，其中包括支付其他旅游企业接团费15万元，替旅游者支付餐费20万元，宿费25万元，门票费20万元，交通费60万元，为旅游者购买赠品支付5万元。

那么，T公司在2014年4月的计税营业额为：

200－（15＋20＋25＋20＋60）＝60（万元）

因此，T公司的营业税应纳税额为：

60×5%＝3（万元）

我们接下来再看营业税的纳税申报问题。通常情况下，对纳税人的应纳税额分别采取由扣缴义务人扣缴和纳税人自行申报两种方法。此外，根据《营业税暂行条例》的规定，我国规定了若干营业税免税项目，具体如下：

（1）养老院、托儿所、幼儿园、残疾人福利机构提供的育养服务，婚姻介绍，殡葬服务。

（2）残疾人员个人提供的劳务，即残疾人员本人为社会提供的劳务。

（3）医院、诊所和其他医疗机构提供的医疗服务。

（4）学校和其他教育机构提供的教育劳务，学生勤工俭学提供的劳务。

（5）农业机耕、排灌、病虫害防治、植保、农牧保险以及相关技术培训业务，家禽、牲畜、水生动物的配种和疾病防治。

（6）纪念馆、博物馆、文化馆、美术馆、展览馆、书画院、图书馆、文物保护单位举办文化活动的门票收入，宗教场所举办文化活动的门票收入。

（7）科研单位取得的技术转让收入。

（8）自主创业的高校毕业生、科技人员、复转军人、登记失业人员、就业困难群体、海归人员、农民在本土创业及农民工返乡创业；企业以创业带动就业，对符合条件的企业在新增加的岗位中，当年新招用符合条件人员，与其签订1年以上期限劳动合同并缴纳社会保险费的，3年内按实际招用人数予以定额依次扣减营业税、城市维护建设税、教育费附加和企业所得税，定额标准为每人每年4800元；军队转业干部从事个体经营，自领取税务登记证之日起，3年内免征营业税；返乡农民工从事个体经营在市（地）所属区的，其营业税起征点为月营业额5000元，在县（市）所属区的，其营业税起征点为月营业额4000元，达不到起征点的不征收营业税及城市维护建设税、教育费附加。

除上述项目外，营业税的减税、免税项目由国务院规定，任何地区、部门均不得规定免税、减税项目。对于纳税人兼营免税、减税项目的，应当单独核算免税、减税项目的营业额，未单独核算营业额的，不得免税、减税。

企业在进行纳税申报时，根据《营业税暂行条例》及其实施细则的规定，在纳税地点、纳税时间与纳税期限方面需按照如下方式实施：

（1）纳税地点。

根据税法规定，企业申报缴纳营业税税款的地点，一般是纳税人应税劳务的发生地、土地和不动产的所在地。具体规定如下：

①纳税人提供应税劳务，应向劳务发生地的主管税务机关申报缴税。自2009年起，营业税纳税人提供应税劳务的纳税地点，按劳务发生地原则调整为按机构所在地或者居住地原则来确定。

②纳税人从事运输业务，应当向其机构所在地主管税务机关申报纳税。但中央铁路运输营业收入的纳税地点在中国铁路总公司机构所在地。

③纳税人承包的工程跨省（自治区、直辖市）的，向其机构所在地税务机关申报纳税。

④纳税人转让土地使用权或者销售不动产，应当向该土地或不动产的所在地税务机关申报纳税。

⑤纳税人转让除土地使用权以外的其他无形资产，应当向其机构所在地税务机关纳税。

⑥代扣代缴营业税的地点为扣缴义务人机构所在地。但国家开发银行委托中国建设银行的贷款业务，由国家开发银行集中在其机构所在地缴纳；中国农业发展银行在其省级以下机构建立前，其委托中国农业银行的贷款业务，由中国农业发展银行的省级分行集中于其机构所在地缴纳。

（2）纳税时间。

纳税人发生营业税纳税行为并履行纳税义务的时间，一般为纳税人收讫营业收入款项或者取得索取营业收入款项凭据的当天。若同时发生下列行为，则按照下述规定来履行纳税义务：

①纳税人转让土地使用权或者销售不动产，采用预收款方式的，其纳税义务发生时间为收到预收款的当天。

②自建行为的纳税义务发生时间，为纳税人销售自建建筑物并收讫营业额或者取得索取营业额凭据的当天。

③纳税人将不动产无偿赠予他人的，其纳税义务发生时间为不动产所有权发生转移的当天。

（3）纳税期限。

根据税法规定，营业税的纳税期限由主管税务机关依纳税人应纳税额大小来核定，一般是5日、10日、15日、1个月或者1个季度。对于不能按照固定期限纳税的单位和个人，可以申请主管税务机关同意后，按次纳税。

4.4 营业税会计处理

营业税的计税依据是营业收入，因而实行价内征税，属于价内税。企业应纳的营业税在“应交税金——应交营业税”科目中核算。该科目的贷方反映按规定计算的应缴纳的营业税，借方反映实际交纳的营业税，期末贷方余额反映企业尚未交纳的营业税，借方余额反映多交的营业税。

一般来说，营业税的会计处理主要包括3个部分，依次是：企业按营业额和规定的税率计算应缴纳的营业税税额；根据计算出的营业税税额，解交应缴纳的税款；会计期末，将计提的税金转入“当期损益”，核算本年利润。

我们来看不同的营业税税目应该做怎样的会计处理。

（1）交通运输业。

在科目设置上，一般设置“营业税金及附加”（交通运输企业户）、“运输税金及附加”（铁路运输企业户）、“其他应付款”和“应交税金——应交营业税”等科目。

在账务处理上，当企业因提供应税劳务而计算应纳营业税时，交通运输企业户记为：

借：营业税金及附加

　贷：应交税金——应交营业税

铁路运输企业户则记为：

借：运输税金及附加

贷：应交税金——应交营业税

在缴纳营业税时，应做的会计处理为：

借：应交税金

贷：银行存款

（2）**建筑业。**

在账目设置上，设置为“工程结算税金及附加”、“应交税金——应交营业税”和“应付账款”等科目。

在账务处理上，若建筑安装企业计算一般业务的应纳营业税时，记为：

借：工程结算税金及附加

贷：应交税金——应交营业税

若建筑安装企业代扣营业税时，在会计处理上记为：

借：应付账款

贷：应交税金——应交营业税

纳税人在缴纳营业税时，在会计处理上应记为：

借：应交税金——应交营业税

贷：银行存款

（3）**金融保险业。**

在科目设置上，应设置“营业税金及附加”、“应交税金——应交营业税”、“应付账款”等科目。

在账务处理上，当金融保险业计算一般业务应纳营业税时，应在会计处理上记为：

借：营业税金及附加

贷：应交税金——应交营业税

对于金融企业转贷业务，在收到转贷款项时，应记为：

借：银行存款

贷：有关借款科目

在将款项转贷时，应记为：

借：有关借款科目

　贷：银行存款

在支付借款利息时，应记为：

借：利息支出

　贷：银行存款

在收到贷款利息时，应记为：

借：银行存款

　贷：利息收入

在计算应纳营业税（借、贷利息差为营业额）时，应记为：

借：营业税金及附加

　贷：应交税金——应交营业税

对于金融企业经营外汇、有价证券、期货买卖等业务的，在买入证券时，记为：

借：自营库存证券

　贷：银行存款

在卖出证券时，记为：

借：银行存款

　贷：证券销售

在结算成本时，记为：

借：证券销售

　贷：自营库存证券

在计算应交营业税（卖出价减去买入价后的余额为营业额）时，记为：

借：营业税金及附加

　贷：应交税金——应交营业税

对于金融企业接受其他企业委托发放贷款，代扣代缴营业税的，在收到委托贷款利息时，应在会计处理中记为：

借：银行存款

贷：应付账款——应付委托贷款利息

在按规定计算代扣的营业税时，应记为：

借：应付账款——应付委托贷款利息

贷：应交税金——应交营业税

在代缴营业税时，应记为：

借：应交税金——应交营业税

贷：银行存款

（4）邮电、文化、娱乐及服务业。

在科目设置上，应设置“营业税金及附加”、“应交税金——应交营业税”等科目。在账务处理上，应记为：

借：营业税金及附加

贷：应交税金——应交营业税

（5）销售不动产。

在科目设置上，应设置“固定资产清理”、“经营税金及附加”、“应交税金——应交营业税”等科目。

在账务处理上，若按销售额计算应交纳营业税，对于房地产企业销售不动产的行为，应记为：

借：经营税金及附加

贷：应交税金——应交营业税

对于非房地产企业销售不动产的行为，应记为：

借：固定资产清理

贷：应交税金——应交营业税

在交纳营业税时，应记为：

借：应交税金——应交营业税

贷：银行存款

（6）转让无形资产。

在科目设置上，应设置“其他业务支出”、“应交税金——应交营业税”等科目。

在账务处理上，对于一般企业销售无形资产的，应记为：

借：其他业务支出

　贷：应交税金——应交营业税

对于金融保险业销售无形资产的，应记为：

借：其他营业支出

　贷：应交税金——应交营业税

对于对外经济合作企业销售无形资产的，应记为：

借：营业税金

　贷：应交税金——应交营业税

对于旅游、饮食服务业销售无形资产的，应记为：

借：营业税金及附加

　贷：应交税金——应交营业税

（7）税务机关查出以前年度营业税问题的账务处理。

假如税务机关在对纳税人进行税务检查时，发现该纳税人在以前年度存在营业税问题，并责令纳税人补做会计处理，纳税人可以记为：

借：以前年度损益调整

　贷：应交税金——应交营业税

或者记为：

借：应交税金——应交营业税

　贷：银行存款

我们接下来通过一个案例来认识营业税会计处理。

案例

郑和远洋运输公司为大型运输企业，有职工350人，主营远洋运输、货物装卸搬运、仓储保管，兼营船舶修理、租赁、货运代理等业务。2013年度，郑和公司发生以下经营业务：

①承担远洋运输业务，取得运输收入8600万元、装卸搬运收入200万元。发

生运输业务的直接成本、费用（不含职工工资费用）为6300万元。以上收入款项中已收取8400万元，其余款项尚未收到。

②将配备有20名操作人员的3号船舶出租给甲公司使用8个月（5月1日～12月31日），取得租金收入240万元。出租期间，远洋运输企业支付操作人员工资28.8万元及维修费用12万元。

③将4号船舶自2013年1月1日至12月31日出租给乙公司使用1年，不配备操作人员，也不承担运输过程中发生的各种费用，固定收取租金为160万元。

④取得货运代理收入83万元，验箱代理费、提箱代理费20万元。这些款项中已收取96万元，其余款项尚未收到。

⑤缴纳本年度营业税。

那么，郑和公司在对上述业务进行会计处理时，应该怎样记账呢？

针对项目①，我们首先分析税目和税率。交通运输业包括陆路运输、水路运输、航空运输、管道运输和装卸搬运5大类，郑和公司的远洋运输业务和装卸搬运业务便包括在其中，因而适用交通运输业3%的营业税率；其次，营业税的计税依据是营业额，营业额为纳税人提供应税劳务、转让无形资产或销售不动产向对方收取的全部价款和价外费用。在这里，计税依据为8600万元和200万元，所以应缴纳的营业税为：

（8600＋200）×3%＝264（万元）

在会计分录上，项目①可记为：

借：银行存款8400万元

　　应收账款400万元

　贷：主营业务收入8800万元

借：营业税金及附加264万元

　贷：应交税费——应交营业税264万元

借：主营业务成本6300万元

　贷：银行存款6300万元

针对项目②，郑和公司取得租金收入240万元，此为营业额，适用税率为

3%；出租期间，郑和公司支付操作人员工资28.8万元、维修费用12万元。因此，郑和公司该项目应纳营业税为：240×3%＝7.2（万元）。

于是，项目②可做会计分录为：

借：银行存款240万元

　贷：其他业务收入240万元

借：其他业务成本7.2万元

　贷：应交税费——应交营业税 7.2万元

借：其他业务成本40.8万元

　贷：银行存款 40.8万元

针对项目③，郑和公司将4号船舶租赁给乙公司使用1年，不配备操作人员，也不承担运输过程中发生的各种费用，固定收取租金收入160万元，这属于服务业税目中的租赁业行为，应按服务业5%的税目征税，其应纳营业税为：160×5%＝8（万元）。

所以，项目③的会计分录为：

借：银行存款160万元

　贷：其他业务收入160万元

借：其他业务成本8万元

　贷：应交税费——应交营业税8万元

针对项目④，郑和公司取得货运代理收入83万元，验箱代理费、提箱代理费20万元。这些款项中已收取96万元，其余款项尚未收到。货运代理和验箱代理、提箱代理为服务业中的代理业行为，适用税率为5%，所以其应纳营业税为：（83＋20）×5%＝5.15（万元）。

因此，项目④的会计分录为：

借：银行存款96万元

　　应收账款7万元

　贷：其他业务收入103万元

借：其他业务成本5.15万元

贷：应交税费——应交营业税5.15万元

针对项目⑤，计算本年度应纳营业税，根据上述项目中的数据，可知本年度营业税合计为：264 + 7.2 + 8 + 5.15 = 284.35（万元）。

所以，项目⑤的会计分录如下：

借：应交税费——应交营业税284.35万元

贷：银行存款284.35万元

CHAPTER FIVE

第五章 企业所得税会计

在企业缴税的税种体系里，流转税与所得税是其中最主要的税种；我们前面所述的增值税与营业税是流转税中最重要的子税种，本章我们要了解的是所得税中的企业所得税，这也是企业经常接触到的一种税。

那么，什么是企业所得税呢？这是对我国内资企业和经营单位的生产经营所得和其他所得征收的一种税。简单来说，企业经营业务只要发生，就会产生流转税；企业赚钱（盈利）了，就会产生所得税，企业如果没有赚钱（盈利），甚至亏损，就不用缴纳企业所得税。当然，假如企业为了逃避缴纳企业所得税，而谎报“亏损”，一旦被税务部门查出，意味着面临较高的涉税违法成本。所以，对于企业所得税会计来说，便是要处理与企业所得税相关的涉税事务。我们接下来了解怎样熟悉与掌握企业所得税会计的工作。

5.1 企业所得税的征税对象

企业所得税的征税对象便是纳税人取得的所得，主要包括销售货物所得、提供劳务所得、转让财产所得、股息红利所得、利息所得、租金所得、特许权使用费所得、接受捐赠所得和其他所得。

通过上面的叙述可知，企业所得税的征税对象来自纳税人的所得。在我国，企业所得税的纳税人主要分为6类，分别是：

（1）国有企业；

（2）集体企业；

（3）私营企业；

（4）联营企业；

（5）股份制企业；

（6）有生产经营所得和其他所得的其他组织。

上述的“联营企业”，是指两个及两个以上相同或不同所有制性质的企业法人或事业单位法人，按自愿、平等、互利的原则，共同投资组成的经济组织，一般情况下，联营企业包括国有联营企业、集体联营企业、国有与集体联营企业和其他联营企业；所谓“股份制企业”，又称为股份公司，是指通过发行股票及其他证券，把分散的资本集中起来经营的一种企业组织形式。

通过上面对纳税人的分类可知，企业所得税的纳税人几乎涵盖了所有形式的企业组织。在企业所得税的征收上，我国以《企业所得税法》为依据，另外，由于税务问题与国家的宏观调控密切相关，所以，为了扶持相关产业，税法中还对一些征收对象颁布了若干减免政策，具体如下：

（1）经国务院批准的高新技术产业开发区内的高新技术企业，减按15%的税率征收所得税；新办的高新技术企业自投产年度起，免征所得税2年。

（2）对农村的为农业生产的产前、产中、产后服务的行业，即乡村的农技推广站、植保站、水管站、林业站、畜牧兽医站、水产站、生机站、气象站，以及农民专业技术协会、专业合作社，对其提供的技术服务或劳务所取得的收入，以及城镇其他各类事业单位开展的技术服务或劳务所取得的收入暂免征收所得税；对科研单位和大专院校服务于各业的技术成果转让、技术培训、技术咨询、技术服务、技术承包所取得的技术性服务收入暂免征收所得税；对新办的独立核算的从事咨询业（包括科技、法律、会计、审计、税务等咨询业）、信息业、技术服务业的企业或经营单位，自开业之日起，免征所得税2年；对新办的独立核算的从事交通运输业、邮电通信业的企业或经营单位，自开业之日起，第一年免征所得税，第二年减半征收所得税；对新办的独立核算的从事公用事业、商业、物资业、对外贸易业、旅游业、仓储业、居民服务业、饮食业、教育文化事业、卫生事业的企业或经营单位，自开业之日起，报经主管税务机关批准，可减征或免征所得税2年。

（3）企业在原设计规定的产品以外，综合利用该企业生产过程中产生的，在《资源综合利用目录》内的资源作为主要原料生产的产品所得，以及企业利用该企业外的大宗煤矸石、炉渣、粉煤灰作为主要原料生产建材产品的所得，自生产经营之日起，免征所得税5年；为处理利用其他企业废弃的，在《资源综合利用目录》内的资源而兴办的企业，经主管税务机关批准，可减征或免征所得税1年。

（4）在国家确定的“老、少、边、穷”地区新办的企业，经主管税务机关批准后可减征或免征所得税3年。

（5）企业事业单位进行技术转让，以及在技术转让过程中发生的与技术转让有关的技术咨询、技术服务、技术培训的所得，年净收入在30万元以下的，暂免征收所得税。

（6）企业遇有风、火、水、震等严重自然灾害，经主管税务机关批准，可减征或免征所得税1年。

（7）新办的城镇劳动就业服务企业，当年安置城镇待业人员超过企业从业人员总数的60%的，经主管税务机关审查批准，可免征所得税3年；劳动就业服务企业免税期满后，当年新安置待业人员占企业原从业人员总数30%以上的，经主管税务机关审核批准，可减半征收所得税2年。

（8）高等学校和中小学校办工厂、农场自身从事生产经营的所得，暂免征收所得税。高等学校和中小学举办各类进修班、培训班的所得，暂免征收所得税。高等学校和中小学享受税收优惠的校办企业，必须是学校出资自办的，由学校负责经营管理、经营收入归学校所有的企业。下列企业不得享受对校办企业的税收优惠：①将原有的纳税企业转为校办企业；②学校在原校办企业的基础上吸收外单位投资举办的联营企业；③学校向外单位投资举办的联营企业；④学校与其他企业、单位和个人联合创办的企业；⑤学校将校办企业转租给外单位经营的企业；⑥学校将校办企业承包给个人经营的企业。享受税收优惠政策的高等学校和中小学的范围仅限于教育部门所办的普教性学校，不包括电大、夜大、业大等各类成人学校，企业举办的职工学校和私立学校。

（9）对民政部门举办的福利工厂和街道的非中途转办的社会福利生产单位，凡安置“四残”人员占生产人员总数35%以上的，暂免征收所得税；凡安置“四残”人员占生产人员总数的比例超过10%未达到35%的，减半征收所得税。

（10）乡镇企业可按应缴税款减征10%，用于补助社会性开支的费用。

从某种程度上来说，税法中对一些征税对象进行的减免政策，也是一种税收优惠政策。那么，对于正常的企业所得税来说，其税率是多少呢？一般来说，企业处于不同的纳税人身份，所适用的企业所得税税率也会有出入。我们接下来了解企业所得税的税率。

5.2 企业所得税的税率

我国《企业所得税法》规定，一般企业所得税税率为25%；对于符合条件的小型微利企业，即年应纳税所得额低于30万元（含30万元）的小型微利企业，其所得减按50%计入应纳税所得额，并按20%的税率缴纳企业所得税；对于国家认定的高新技术企业，减按15%的税率征收企业所得税。

总体来说，我国企业所得税在具体实施中，会根据国家宏观调控的需要而有所调整，比如说，我们前面提到的一些企业所得税减免政策，便体现出了这种特点。除此以外，我国对企业所得税还有些优惠政策，具体表现为免税、减税、加计扣除、加速折旧、减计收入、税额抵免等。我们接下来进行一一介绍：

（1）直接减免。

①免征，适用范围包括：蔬菜、谷物、油料、豆类、水果等种植；农作物新品种选育；中药材种植；林木种植；牲畜、家禽饲养；林产品采集；灌溉、农产品加工、农机作业与维修；远洋捕捞；“公司+农户”经营。

②减半征收，适用范围包括：花卉、茶及饮料作物、香料作物的种植；海水养殖、内陆养殖。

（2）定期减免。

①2免3减半，即自取得第一笔生产经营收入所属纳税年度起，前两年免征企业所得税，后三年减半征收企业所得税，适用范围包括：对经济特区和上海

浦东新区重点扶持的高新企业；境内新办软件企业（获利）；小于0.8微米的集成电路企业。

②3免3减半，即自取得第一笔生产经营收入所属纳税年度起，前三年免征企业所得税，后三年减半征收企业所得税，适用范围包括：国家重点扶持的公共基础设施项目；符合条件的环境保护、节能节水项目；节能服务公司实施合同能源管理项目。

（3）低税率。

①企业所得税税率20%，适用范围主要是小型微利企业。

②企业所得税税率15%，适用范围包括：国家重点扶持的高新企业；投资80亿元以上、0.25微米（注：1微米＝10－6米）的电路企业；西部开发鼓励类产业企业。

③企业所得税税率10%，适用范围包括：非居民企业的优惠措施；国家布局内的重点软件企业。

（4）加计扣除。

①据实扣除后加计扣除50%，适用范围包括：研究开发费；形成无形资产的按成本的150%摊销。

②据实扣除后加计扣除100%，适用范围主要是企业安置残疾人员所支付的工资。

（5）投资抵税。

①投资额的70%抵扣所得额，主要是投资高新技术2年以上的中小型创投企业（股权持有满2年）。

②投资额的10%抵扣税额，主要是购置并实际使用的环保、节能节水、安全生产等专用设备。

（6）减计收入。

由于企业所得税是以企业收入所得为计税基数的，所以，在计算时，适当减少企业的收入额，自然会相应地减少企业应缴纳的所得税额。具体如下：

①减按收入的90%来计入收入，适用范围包括：农户小额贷款的利息收

入；为种植、养殖业提供保险业务的保费收入；企业综合利用资源的产品所得收入。

②所得减按50%计税，适用范围主要是年应纳税所得额低于30万元的小型微利企业。

（7）加速折旧。

也就是说，缩短折旧年限，那么，每年的计提折旧数额自然会增大，可在一定程度上冲抵应纳税所得额；但缩短折旧年限不得低于规定折旧年限的60%。这主要适用于：由于技术进步，产品更新换代较快的固定资产；常年处于强震动、高腐蚀状态的固定资产。

（8）有免征额优惠。

这主要是指：居民企业转让技术所有权所得不超过500万元的部分，免税；超过500万元的部分，减半征收所得税。

（9）鼓励软件及集成电路产业。

这方面的相关税收优惠，我们在前面已有阐述。

（10）西部大开发的税收优惠。

这主要是指：对于国家鼓励类及优势产业的项目，进口自用设备时免征关税；对于国家鼓励类的企业，其主营业务收入占总收入70%以上的，减按15%的企业所得税税率等。

此外，我国对证券投资基金的发展等产业也有相关优惠措施。

总之，在了解企业所得税的税率及相关优惠政策后，我们接下来看怎样对企业所得税进行核算与申报。

5.3 企业所得税怎样核算与申报

我们在计算企业所得税时，首先需要计算出企业的应纳税所得额。那么，企业应该怎样核算出自己的应纳税所得额？从理论上来说，企业的应纳税所得额等于企业的收入总额减去成本、费用、损失以及准予扣除项目的金额。可以说，企业的应纳税所得额构成企业所得税的缴税基数。通常来说，在税率确定的情况下，缴税基数越小，那么应纳企业所得税就会随之减少。

其中，企业的经营成本，是指纳税人为生产、经营商品和提供劳务等所发生的各项直接耗费和各项间接费用；费用是指纳税人为生产经营商品和提供劳务等所发生的销售费用、管理费用和财务费用；损失是指纳税人生产经营过程中的各项营业外支出、经营亏损和投资损失等。需要补充的是，企业所得税的应纳税所得额，以权责发生制为原则。

这些成本、费用、损失等可以从收入总额中扣除，从而可以减少应纳税所得额。那么，在企业经营中，有哪些项目准予扣除，又有哪些项目不得从收入总额中扣除呢？我们接下来分“准予扣除”和“不得扣除”两类，从而使我们在进行企业所得税核算时，能够符合国家税法的要求。

（1）准予扣除的项目。

①利息支出的扣除。纳税人在生产、经营期间，向金融机构借款的利息支出，按实际发生数扣除；向非金融机构借款的利息支出，不高于按照金融机构

同类、同期贷款利率计算的数额以内的部分，准予扣除。

②计税工资的扣除，即允许企业合理的工资、薪金予以据实扣除，对于明显不合理的工资、薪金，则不予扣除。

③在职工福利费、工会经费和职工教育经费方面，为鼓励企业加强职工教育投入，除国务院财税主管部门另有规定外，企业发生的职工教育经费支出，不超过工资薪金总额2.5%的部分，准予扣除；超过部分，准予在以后纳税年度结转扣除。

④捐赠的扣除。纳税人的公益、救济性捐赠，在年度会计利润的12%以内的，允许扣除；超过12%的部分则不得扣除。

我们接下来看一个案例，了解企业在接受捐赠时，怎样进行有关税务会计处理：

案例

M公司在2013年度取得N公司捐赠的原材料一批；根据N公司提供的有关凭证，该批接受捐赠原材料的市场价格为100万元，N公司同时还为M公司开具了增值税专用发票，增值税税额为17万元，但M公司并未单独支付增值税。已知M公司和N公司均为增值税一般纳税人，适用的增值税税率为17%，M公司将取得的商品作为原材料来核算。我们现在知道M公司2013年度的利润总额为1000万元。那么，会计分录如下：

借：原材料100万元

　　应交税费——应交增值税（进项税额）17万元

　贷：营业外收入117万元

M公司当期由于接受捐赠产生的纳税调整金额为117万元，包括接受捐赠取得的非货币性资产本身，以及捐出方式代为支付的增值税进项税额。因此，M公司2013年度的应纳所得税统计如下：

应纳税所得额＝1000＋117＝1117（万元）

应纳所得税＝1117×25%＝279.25（万元）

⑤业务招待费的扣除。业务招待费，是指纳税人为生产、经营业务的合理

需要而发生的交际应酬费用。税法规定，纳税人发生的与生产、经营业务有关的业务招待费，由纳税人提供确实记录或单据，分别在下列限度内准予扣除：企业发生的与生产经营有关的业务招待费支出按照发生额的60%扣除，但最高不得超过当年销售（或营业）收入的5‰。

⑥职工养老基金和待业保险基金的扣除。职工养老基金和待业保险基金，在省级税务部门认可的上交比例和基数内，准予在计算应纳税所得额时扣除。

⑦残疾人保障基金的扣除。对纳税人按当地政府规定上交的残疾人保障基金，允许在计算应纳税所得额时扣除。

⑧财产、运输保险费的扣除。纳税人缴纳的财产、运输保险费，允许在计税时扣除，但保险公司给予纳税人的无赔款优待，则应计入企业的应纳税所得额。

⑨固定资产租赁费的扣除。纳税人以经营租赁方式租入固定资产的租赁费，可以直接在税前扣除；以融资租赁方式租入固定资产的租赁费，则不得直接在税前扣除，但租赁费中的利息支出、手续费可在支付时直接扣除。

⑩坏账准备金、呆账准备金和商品削价准备金的扣除。纳税人提取的坏账准备金、呆账准备金，在计算应纳税所得额时准予扣除，提取的标准暂按财务制度执行；纳税人提取的商品削价准备金准予在计税时扣除。

⑪转让固定资产支出的扣除。纳税人转让固定资产支出是指转让、变卖固定资产时所发生的清理费用等支出。纳税人转让固定资产支出准予在计税时扣除。

⑫固定资产、流动资产盘亏、毁损、报废净损失的扣除。纳税人发生的固定资产盘亏、毁损、报废的净损失，由纳税人提供清查、盘存资料，经主管税务机关审核后，准予扣除。这里所说的净损失，不包括企业固定资产的变价收入；纳税人发生的流动资产盘亏、毁损、报废净损失，由纳税人提供清查盘存资料，经主管税务机关审核后，可以在税前扣除。

⑬总机构管理费的扣除。纳税人支付给总机构的与该企业生产经营有关的管理费，应当提供总机构出具的管理费汇集范围、定额、分配依据和方法的证明文件，经主管税务机关审核后，准予扣除。

⑭国债利息收入的扣除。纳税人购买国债利息收入，不计入应纳税所得额。

⑮其他收入的扣除。包括各种财政补贴收入、减免或返还的流转税，除国务院、财政部和国家税务总局规定有指定用途者，可以不计入应纳税所得额外，其余则应并入企业应纳税所得额来计算征税。

⑯亏损弥补的扣除。纳税人发生的年度亏损，可以用下一年度的所得弥补，下一纳税年度的所得不足弥补的，可以逐年延续弥补，但最长不得超过5年。

（2）不得扣除的项目。

①资本性支出，是指纳税人购置、建造固定资产，以及对外投资的支出。企业的资本性支出，不得直接在税前扣除，应以提取折旧的方式逐步摊销。

②无形资产受让、开发支出，是指纳税人购置无形资产以及自行开发无形资产的各项费用支出。无形资产受让、开发支出也不得直接扣除，应在其受益期内分期摊销。

③资产减值准备。固定资产、无形资产计提的减值准备，不允许在税前扣除；其他资产计提的减值准备，在转化为实质性损失之前，不允许在税前扣除。

④违法经营的罚款和被没收财物的损失。纳税人违反国家法律、法规和规章，被有关部门处以罚款以及被没收财物的损失，不得扣除。

⑤各项税收的滞纳金、罚金和罚款。纳税人违反国家税收法规，被税务部门处以的滞纳金和罚款、司法部门处以的罚金，以及上述以外的各项罚款，不得在税前扣除。

⑥自然灾害或者意外事故损失有赔偿的部分。纳税人遭受自然灾害或者意外事故，保险公司给予赔偿的部分，不得在税前扣除。

⑦超过国家允许扣除的公益、救济性捐赠，以及非公益、救济性捐赠。纳税人用于非公益、救济性捐赠，以及超过年度利润总额12%的部分的捐赠，不允许扣除。

⑧各种赞助支出。

⑨与取得收入无关的其他各项支出。

通过上述“准予扣除”和“不得扣除”的项目，我们可以计算出企业的应纳税所得额。那么接下来我们看企业的纳税申报问题。

我国《企业所得税法》规定，在纳税年度方面，从每年公历1月1日起至12月31日止，构成一个纳税年度；纳税人在一个纳税年度中间开业，或者由于合并、关闭等原因，使该纳税年度的实际经营期不足12个月的，应当以其实际经营期为一个纳税年度；纳税人在清算时，应当以清算期间为一个纳税年度。

在具体的纳税申报上，企业所得税分月或者分季预缴；企业应当自月份或者季度终了之日起15日内，无论盈利或亏损，都应向税务机关报送预缴企业所得税的纳税申报表，并预缴税款；企业应当自年度终了之日起5个月内，向税务机关报送年度企业所得税纳税申报表，并汇算清缴，结清应缴应退税款。

另外，企业在报送企业所得税纳税申报表时，应当按照规定附送财务会计报告和其他有关资料；纳税人在规定的申报期申报确有困难的，在报经主管税务机关批准后，可以延期申报。

可见，企业所得税在纳税方式上，可以采取分期（按月或季）预缴、年终汇算清缴的办法。企业在预缴所得税时，应当按纳税期限的实际数预缴，按实际数预缴有困难的，可以按上一年度应纳税所得额的1/12或1/4，或者按照当地税务机关认可的其他方法来分期预缴所得税。预缴方法一经确定，便不得随意改变。其中，每年第四季度的税款也应于季度终了后15日内先进行预缴，然后在年度终了后45日内进行年度申报，税务机关在5个月内进行汇算清缴，并多退少补。

税务会计人员在进行纳税申报时，需要做好以下准备工作：

（1）做好年终盘点工作，对企业的资产及债权进行盘点核对，对清理出来的需报批的财产损失，连同年度内发生的财产损失，及时准备报批材料向主管税务机关报批。这主要包括：

①因自然灾害、战争、政治事件等不可抗力或者人为管理责任，导致库存现金、银行存款、存货、交易性金融资产、固定资产的损失。

②应收、预付账款发生的坏账损失。

案例

E公司2013年2月销售产品1.5万件，该产品单价80元，货款尚未收到。若采用直接冲销法（指发生坏账时，将实际发生的坏账损失直接从应收款项中转销，同时注销该笔应收款项）来处理，则相应的会计分录如下：

2013年2月发生应收账款时：

借：应收账款120万元

贷：销售收入120万元

2014年4月，这笔款项被核准为无法收回的坏账时：

借：管理费用120万元

贷：应收账款120万元

E公司采用应收账款余额比例法（指按应收账款余额的一定比例计算提取坏账准备金），提取坏账比例为0.3%，采用备抵法（指在坏账损失实际发生前，就依据权责发生制原则估计损失，并同时形成坏账准备，待坏账损失实际发生时再冲减坏账准备）处理，则结果如下：

2013年2月发生应收账款时：

借：管理费用——坏账损失3600元

贷：坏账准备3600元

2014年4月确定为坏账时：

借：坏账准备120万元

贷：应收账款120万元

可见，用备抵法将应纳税款滞后，相当于享受到国家的一笔无息贷款，从而增加了企业的流动资金。

③存货、固定资产、无形资产、长期投资因发生永久或实质性损害而确认的财产损失。

④因被投资方解散、清算等发生的投资损失（不包括转让损失）。

⑤按规定可以税前扣除的各项资产评估损失。

⑥因政府规划搬迁、征用等发生的财产损失。

⑦国家规定允许从事信贷业务之外的企业间的直接借款损失。

（2）检查有无应计未计、应提未提费用，在每年12月份及时做出补提补

计，做到应提均提、应计均计。

①检查固定资产折旧计提情况，无形资产、长期待摊费用摊销情况，对漏计折旧、漏计摊销的予以补提补计。

②检查福利费和职工教育经费计提情况，这两项费用是法定的可以按计税工资比例进行税前扣除的费用，是企业的一项权益，应计提。工会经费不缴纳的不用计提。

（3）查阅以前年度的所得税纳税申报资料，并查找与本期纳税申报有关系的事项。这主要包括：

①未弥补亏损。

②纳税调整事项，如未摊销完的开办费、广告费等。

（4）对年度账务进行梳理，整理本年度发生的纳税调整事项。对于能通过账务处理的事项，应在年度结账前进行处理。

（5）注意其他税种的“汇算清缴”。企业所得税纳税申报是对账务一次详细的梳理过程，其间发现的其他涉税问题也应一并处理。如视同销售漏交的增值税；未按查补缴纳的增值税计缴的城建税、教育费附加；未及时申报的印花税等。税务机关在对企业所得税汇算清缴时，也会对相关涉税问题一并检查并做出处理。

（6）在年度中间做预缴申报时，在不造成多缴所得税的情况下，需做纳税调整的尽量做纳税调整，虽然不做纳税调整也不构成偷税，但这样做的好处一是能及时记录反映纳税调整事项，二是能及时反映调整后的应纳税所得额。

（7）对于预缴，申报时不能及时做纳税调整的事项，应养成及时记录的习惯。

（8）密切关注与企业所得税相关的税务法规的变化。

（9）在对涉税问题的处理上，若与主管税务机关或税务机关工作人员的理解不一致时，应采用稳妥慎重的处理方法，并与主管税务机关进行充分、有效的沟通。

5.4 企业所得税会计处理

对于企业所得税，我们应该做出怎样的会计分录呢？一般来说，在会计科目设置上，我们可以在企业损益类科目中设置“所得税”科目，该科目的借方反映从当期损益中扣除的所得税，贷方反映期末转入“本年利润”科目的所得税额；在企业负债类科目中增设“递延税款”科目，用来核算企业由于时间性差异，造成的税前会计利润与纳税所得之间的差异所产生的、影响纳税的金额，以及以后各期转销的数额；设置“应交税金——应交所得税”科目，用来专门核算企业交纳的企业所得税等。

在具体会计处理方法上，可以根据以下情况来实施：

（1）按月（季）预交所得税的会计处理。

按照税法规定，企业所得税应按年度计算，分月或分季预缴。在每月终了时，企业应将成本费用和税金类科目的月末余额转入“本年利润”科目的借方，将收入类科目的余额转入“本年利润”科目的贷方，然后再计算“本年利润”科目的本期借贷方发生额之差。

其中，贷方余额为企业本月实现的利润总额，即税前会计利润；借方余额为企业本月发生的亏损总额。

由于税前会计利润与纳税所得之间存在的永久性差异和时间性差异，所以会计核算上可以采用“应付税款法”或“纳税影响会计法”。

①应付税款法，是将本期税前会计利润与纳税所得之间的差异造成的影响纳税的金额，直接计入当期损益，而不递延到以后各期。在应付税款法下，当期计入损益的所得税费用等于当期应缴的所得税。

在应付税款法下，企业应按照税法规定对税前会计利润进行调整，得出应纳税所得额，即纳税所得，再按税法规定的税率计算出当期应缴的所得税，作为费用直接计入当期损益。企业按照税法规定计算应缴的所得税，记为：

借：所得税

　贷：应交税金——应交所得税

在月末或季末，企业按规定预缴本月（或本季）应纳所得税税额时，应作如下会计分录：

借：应交税金——应交所得税

　贷：银行存款

在月末，企业应将“所得税”科目借方余额作为费用转入“本年利润”科目，此时作如下会计分录：

借：本年利润

　贷：所得税

②纳税影响会计法，是将本期税前会计利润与纳税所得之间的时间性差异造成的影响纳税的金额，递延和分配到以后各期。纳税影响会计法还可以具体分为“递延法”和“债务法”两种。

所谓递延法，是把本期由于时间性差异而产生的影响纳税的金额，保留到这一差异发生相反变化的以后期间予以转销。对于发生在本期的时间性差异影响纳税的金额，用现行税率计算，以前各期发生、而在本期转销的各项时间性差异影响纳税的金额，按照原发生时的税率计算转销。

所谓债务法，是把本期由于时间性差异而产生的影响纳税的金额，保留到这一差额发生相反变化时转销。在税率变更或开征新税时，递延税款的余额要按照税率的变动或新征税款进行调整。

我们接下来通过案例分析来加深认识。

案例

L公司于2011年因政策性原因发生经营亏损2000万元，按照税法规定，该亏损可用于抵减以后五个年度的应纳税所得额。L公司预计其于未来五年期间能够产生1000万元的应纳税所得额弥补该亏损。那么，L公司2011年确认亏损年度的递延所得税资产，只能以1000万元为限，而不能以2000万元入账，具体会计分录如下（拟定企业所得税率为25%）：

借：递延所得税资产250万元

  贷：所得税费用250万元

（2）汇算清缴的会计处理。

在年度终了时，企业应根据“本年利润”科目的有关资料，计算出本年实现的利润总额。然后，企业应按规定对利润总额进行调整，包括弥补上年度亏损，减除已缴纳所得税的投资利润等，调整后的余额，便构成企业本年度的应纳税所得额，接着将本年度应纳税所得额乘以规定的税率，就得出了企业的应纳税额。

若企业有来源于境外的所得，而且这笔所得已在境外缴纳过所得税，需按规定将这笔已纳税额从应纳税额中扣除。另外，企业在汇算清缴时，若计算的实际全年应纳税额多于全年已预缴的所得税税额，其少交的部分，应于下一年度缴纳时补缴。在计算出少缴的税款时，应作如下会计分录：

借：所得税

  贷：应交税金——应交所得税

在实际补缴了少缴的税款时，应作如下会计分录：

借：应交税金——应交所得税

  贷：银行存款

对于企业多缴纳的税款，可在下一年度抵缴。

（3）企业所得税减免税的会计处理。

根据税法规定，减、免的应纳税额计算入账，并按规定进行纳税申报。企业在按规定计算出应纳税额时，应作如下会计分录：

借：所得税

贷：应交税金——应交所得税

对于实行先缴后退的企业，在按规定交纳税款时，应作如下会计分录：

借：应交税金——应交所得税

贷：银行存款

对于企业在按规定收到退回的所得税税款时，应作如下会计分录：

借：银行存款

贷：应交税金——应交所得税

同时，再做如下会计分录：

借：应交税金——应交所得税

贷：盈余公积

（4）上年利润调整所得税会计处理。

企业年度决算报表在经有关部门审核后，对发现的上年度会计事项，如果是涉及损益的，应对上年利润总额和利润分配进行调整，计算出多缴或少缴所得税，并办理补缴或退税手续。

企业在按规定调整上年利润，如调整增加上年利润或调减上年亏损时，应作如下会计分录：

借：有关科目

贷：利润分配——未分配利润

对于调整增加的利润，应按规定补缴所得税时，应作如下会计分录：

借：利润分配——未分配利润

贷：有关科目

由于调减利润而应退回的税款，应作如下会计分录：

借：应交税金——应交所得税

贷：利润分配——未分配利润

对于 按规定办理退税手续，收回税款时，应作如下会计分录：

借：银行存款

贷：应交税金——应交所得税

CHAPTER SIX

第六章 财产税会计

所谓财产税，是以纳税人所有或属其支配的财产为课税对象的一类税。它以财产为课税对象，向财产的所有者征收。其中，财产包括一切积累的劳动产品（生产资料和生活资料）、自然资源（如土地、矿藏、森林等）和各种科学技术、发明创作的特许权等，国家可以选择某些财产予以课税。

财产税属于对社会财富的存量课税，征收对象一般不是当年创造的价值，而是对以往年度积累的价值进行征税。我们接下来看怎样对财产税进行会计处理。

6.1 房产税会计

所谓房产税，是以房屋为征税对象，按房屋的计税余值或租金收入为计税依据，向产权所有人征收的一种财产税。由于我国属于个人的房产规定为70年权限，因而在房产税的征收问题上，也处于试点阶段。

房产税的纳税人是产权所有人，计税标准分为“从价”和“从租”计征两种；对于房产实际价格难以查考的，可按照评定的标准房价或租金据以计税，并分别适用不同的税率。房产税应纳税额的基本计算公式为：

应纳税额＝房产评估值×适用税率

企业的税务会计人员需在应交税金账户下设立交房产税明细账，以反映房产税的计算和缴纳情况。企业缴纳的房产税应计入管理费用，所以，在计算出应纳房产税额后，应借记“管理费用”，贷记“应交税金——应交房产税”；若按季预交分月摊销，则在预交时，借记“待摊费用”，贷记“应交税金——应交房产税”。以后分月摊销时，再将“待摊费用”转入“管理费用”。

房产税的基本特点有：它属于财产税中的个别财产税，其征税对象只是房屋；征收范围限于城镇的经营性房屋；对于房屋不同的经营使用方式，按照不同的规定进行征税，其中，对于自用的按房产计税余值征收，对于出租房屋按租金收入征税；对于产权出典的房产，由承典人依照房产余值缴纳房产税，税率为1.2%。

在房产税的具体征收上，按照从价计征的，其计税依据为房产原值一次减去10%～30%后的余值，具体扣减幅度由省、自治区、直辖市人民政府确定；按从租计征的（即房产用于出租），以房产租金收入为计税依据。

房产税的税率采用比例税率，按照房产余值计征，年税率为1.2%，计算公式为：

应纳税额＝房产评估值×（1-10%或30%）×税率（1.2%）

对于按房产租金收入计征的，年税率为12%；另外，对个人按市场价格出租的居民住房，用于居住的，可暂减按4%的税率征收房产税。所以，对房租收入征税的计算公式为：

应纳税额＝房产租金收入×税率（12%或4%）

由于房产税在我国处于试点阶段，所以纳税期限也不一致，有的按年征收，有的分期缴纳。此外，在纳税时间上，有如下规定：

（1）纳税人将原有房产用于生产经营的，从生产经营之月起，缴纳房产税。

（2）纳税人自行新建房屋用于生产经营的，从建成之次月起，缴纳房产税。

（3）纳税人委托施工企业建设的房屋，从办理验收手续之次月起，缴纳房产税。

（4）纳税人购置新建商品房，自房屋交付使用之次月起，缴纳房产税。

（5）纳税人购置存量房，自办理房屋权属转移、变更登记手续，房地产权属登记机关签发房屋权属证书之次月起，缴纳房产税。

（6）纳税人出租、出借房产，自交付出租、出借房产之次月起，缴纳房产税。

（7）房地产开发企业自用、出租、出借该企业建造的商品房，自房屋使用或交付之次月起，缴纳房产税。

在纳税地点选择上，房产税按照属地原则缴纳，也就是说，对于房产不在同一地方的纳税人，应按房产的坐落地点，分别向房产所在地的税务机关纳税。我国对房产税规定了若干优惠措施如下：

（1）国家机关、人民团体、军队自用的房产免征房产税；但上述免税单位的出租房产不属于免税范围。

（2）由国家财政部门拨付事业经费的单位自用的房产免征房产税；但如学校的工厂、商店、招待所等应照章纳税。

（3）宗教寺庙、公园、名胜古迹自用的房产免征房产税；但经营用的房产不予免税。

（4）归个人所有、非营业用的房产免征房产税；但个人拥有的营业用房或出租的房产，应照章纳税。

（5）对行使国家行政管理职能的中国人民银行总行所属分支机构自用的房地产，免征房产税。

（6）老年服务机构自用的房产免税。

（7）损坏不堪使用的房屋和危险房屋，经有关部门鉴定，在停止使用后，可免征房产税。

（8）纳税人因房屋大修导致连续停用半年以上的，在房屋大修期间免征房产税，免征税额由纳税人在申报缴纳房产税时自行计算扣除，并在申报表附表或备注栏中做相应说明。

（9）在基建工地为基建工地服务的各种工棚、材料棚、休息棚和办公室、食堂、茶炉房、汽车房等临时性房屋，在施工期间，一律免征房产税；但工程结束后，施工企业将这种临时性房屋交还或估价转让给基建单位的，应从基建单位检收的次月起，照章纳税。

（10）为鼓励地下人防设施，所以对地下人防工程暂不征收房产税。

（11）从1988年1月1日起，对房管部门经租的居民住房，在房租调整改革之前收取租金偏低的，可暂缓征收房产税。对房管部门经租的其他非营业用房，是否给予照顾，由各省、自治区、直辖市根据当地具体情况按税收管理体制的规定办理。

（12）对高校后勤实体免征房产税。

（13）对非营利性的医疗机构、疾病控制机构和妇幼保健机构等卫生机构自用的房产，免征房产税。

（14）对按照政府规定价格出租的公有住房和廉租住房，包括企业和自收自支的事业单位向职工出租的单位自有住房，房管部门向居民出租的私有住房等，暂免征收房产税。

（15）对邮政部门坐落在城市、县城、建制镇、工矿区范围内的房产，应当依法征收房产税；对坐落在城市、县城、建制镇、工矿区范围以外的上述邮政局内核算的房产，在单位财务财中划分清楚的，不再征收房产税。

（16）向居民供热并向居民收取采暖费的供热企业的生产用房，暂免征收房产税。这里的“供热企业”，不包括从事热力生产但不直接向居民供热的企业。

（17）经财政部批准免税的其他房产。

我国于2011年1月28日，首先在上海、重庆两地开始试点房产税。我们不妨看一下这两个城市实施房产税的情况。

在上海市，房产税的征收对象分为两类，一类是对于本地户籍，新购且属于家庭第二套以上房产的，对第二套房产进行征税；另一类是外地户籍，对其新购房产，即使是第一套房产，亦进行征税。计税价格为房产交易价格的70%，并参考评估价；税率一般为0.6%，若房产交易价格低于平均价格2倍，则减按0.4%征税；对于不高于人均60平方米（含60）的房产，免征房产税；在第二套房产购入后的一年内，将第一套房产卖出的，予以退税。

在重庆市，有三种情形需要缴纳房产税：

（1）**个人拥有的独栋别墅**。无论是存量，还是增量别墅，都予以征收房产税。征税的认定标准是：在国有土地上依法修建的独立、单栋且与相邻房屋无共墙、无连接的成套住宅。对于国家单位提供使用的独栋别墅，由于只有使用权，没有产权，所以不需要交纳房产税。

（2）**个人新购的高档住房。**这里的“高档住房”，是指建筑面积交易单价达到上两年主城区新建商品住房成交建筑面积均价2倍（含2倍）以上的住房。

（3）在重庆市同时无户籍、无企业、无工作的个人新购的第二套房产，不管是高档房产还是低档房产，均需缴税。

在税率选择上，房产交易价格在市场平均价格3倍以下的为0.5%，3～4倍的为1%，4倍以上的为1.2%；对于在重庆市同时无户籍、无企业、无工作的个人新购的第二套房（含第二套）以上的普通住房，税率统一都是0.5%。

在免税面积的规定上，新购独栋商品住宅、高档住房，免税面积为100平方米。免税面积以家庭为单位进行扣除，一个家庭只能按时间顺序对先购的第一套应税住房扣除免税面积。另外，对于在重庆市同时无户籍、无企业、无工作的个人应税住房不予扣除免税面积；对于家庭拥有第二套（含）以上的应税住房，不予扣除免税面积。

我们接下来看怎样对房产税进行会计处理。在计算房产税时，可做如下会计分录：

借：管理费用

　贷：应交税费——应交房产税

在实际缴纳房产税时，可做如下会计分录：

借：应交税费——应交房产税

　贷：银行存款

我们接下来看两个案例，了解怎样进行房产税会计处理。

案例

L橡胶厂坐落在某城市郊区，其应缴纳房产税的厂房原值为100万元；L橡胶厂在郊区以外的农村还有一个仓库，原值为10万元。当地规定，在计算房产税时，允许减除房产原值的30%。

根据规定，房产税的征税范围是市区、郊区和市辖县县城，不包括农村，所以，L橡胶厂的仓库不用缴纳房产税。那么，L橡胶厂全年应缴纳房产税为：

100×（1−30%）×1.2%＝0.84（万元）

那么，相应的会计分录如下：

借：管理费用8400元

　贷：应交税金——应交房产税8400元

案例

T公司在2013年1月拥有房产原值660万元，其中，有一部分房产作为企业自办的幼儿园使用，原值100万元。当地税务机关规定，房产税需按原值一次减除20%后的余值纳税，并按年计算，分月缴纳。已知房产税税率为1.2%，那么，计算T公司的房产税，并作会计分录如下：

T公司年应纳税额 =（660−100）×（1−20）× 1.2% = 5.376（万元）

月应纳税额＝53760 ÷ 12＝4480（元）

T公司每月预提税金时，作如下会计分录：

借：管理费用4480元

　贷：应交税费——应交房产税4480元

T公司在每月实际缴纳税金时，作如下会计分录：

借：应交税费——应交房产税4480元

　贷：银行存款4480元

6.2 契税会计

所谓契税，是以所有权发生转移变动的不动产为征税对象，向产权承受人征收的一种财产税。契税的应缴税范围一般包括：土地使用权出售、赠予和交换，房屋买卖，房屋赠予，房屋交换等。

此外，我国《契税暂行条例》及《实施细则》规定："对于个人无偿赠予不动产的行为，应对受赠人全额征收契税。"也就是说，赠予房产的契税是要全额征收的，由受赠人按照3%的比例缴纳契税。

从增税对象上来看，契税主要是对境内转移的土地、房屋权属进行征税，具体包括以下5项内容：

（1）国有土地使用权的出让，由承受方缴纳契税。

这是指土地使用者向国家交付土地使用权出让费用，国家将国有土地使用权在一定年限内让与土地使用者的行为。

（2）土地使用权的转让，除了考虑土地增值税，另由承受方缴纳契税。

这是指土地使用者以出售、赠予、交换或者其他方式将土地使用权转移给其他单位和个人的行为。另外，土地使用权的转让不包括农村集体土地承包经营权的转移。

（3）房屋买卖。

这是指以货币为媒介，出售者向购买者过渡房产所有权的交易行为。以下几种特殊情况，视同买卖房屋：

①以房产抵债或实物交换房屋，应由产权承受人，按房屋现值缴纳契税。

②以房产作投资或股权转让，以自有房产作股投入本人独资经营的企业，免纳契税。

③买房拆料或翻建新房，应照章纳税。

此外，房屋赠予行为不必缴纳土地增值税，但承受方应纳契税；房屋交换在契税的计算中，过户与否是一个关键点，在房屋交换中，如果过户，便构成了产生契税的前提条件；对承受国有土地使用权所应支付的土地出让金，要计征契税。不得因减免土地出让金而减免契税。

在税率上，契税一般实行3%～5%的幅度税率，在具体实施中，各省、自治区、直辖市人民政府可以在3%～5%的幅度税率规定范围内，按照本地区的实际情况来确定税率。在契税的计算上，计税依据为不动产价格，由于土地、房屋的权属转移方式不同，定价方法也不同，所以具体计税依据会视不同情况来确定，主要如下：

（1）国有土地使用权出让、土地使用权出售、房屋买卖，以成交价格为计税依据。这里的成交价格是指土地、房屋权属转移合同确定的价格，包括承受者应交付的货币、实物、无形资产或者其他经济利益。

（2）土地使用权赠予、房屋赠予，由征收机关参照土地使用权出售、房屋买卖的市场价格核定。

（3）土地使用权交换、房屋交换，为所交换的土地使用权、房屋的价格差额。也就是说，交换价格相等时，免征契税；交换价格不等时，由多交付的货币、实物、无形资产或者其他经济利益的一方缴纳契税。

（4）以划拨方式取得土地使用权，经批准转让房地产时，由房地产转让者补交契税。计税依据为补交的土地使用权出让费用或者土地收益。

（5）对于成交价格明显低于市场价格并且无正当理由的，或者所交换土地使用权、房屋价格的差额明显不合理并且无正当理由的，税务机关可以参照市场价格核定计税依据。

（6）采取分期付款方式购买房屋附属设施土地使用权、房屋所有权的，应按合同规定的总价款计征契税；承受的房屋附属设施权属为单独计价的，按照当地确定的适用税率征收契税；如与房屋统一计价的，适用与房屋相同的契税税率。

在计税依据确定后，契税税额的计算就要比较简单，其计算公式为：

契税应纳税额 = 计税依据 × 税率

我国在契税方面也规定了若干优惠措施，具体为：

（1）一般性规定。

①国家机关、事业单位、社会团体、军事单位承受土地、房屋用于办公、教学、医疗、科研和军事设施的，免征契税。

②城镇职工按规定第一次购买公有住房，免征契税。

③对各类公有制单位为解决职工住房而采取集资建房方式建成的普通住房，或由单位购买的普通商品住房，经当地县以上人民政府房改部门批准、按照国家房改政策出售给本单位职工的，如属于职工首次购买住房，均可免征契税。

④自2008年11月1日起对个人首次购买90平方米以下普通住房的，契税税率暂且统一下调到1%。

⑤因不可抗力灭失住房而重新购买住房的，酌情减免。不可抗力是指自然灾害、战争等不能预见、不可避免，并不能克服的客观情况。

⑥土地、房屋被县级以上人民政府征用、占用后，重新承受土地、房屋权属的，由省级人民政府确定是否减免。

⑦承受荒山、荒沟、荒丘、荒滩土地使用权，并用于农、林、牧、渔业生产的，免征契税。

⑧经外交部确认，依照中国有关法律规定以及中国缔结或参加的双边和多边条约或协定，应当予以免税的外国驻华使馆、领事馆、联合国驻华机构及其外交代表、领事官员和其他外交人员承受土地、房屋权属。

（2）特殊性规定。

①企业公司制改造，即非公司制企业整体改建为有限责任公司（含国有独资公司）或股份有限公司，或者有限责任公司整体改建为股份有限公司的，对改建后的公司承受原企业土地、房屋权属的，免征契税；非公司制国有独资企业或国有独资有限责任公司，以其部分资产与他人组建新公司，且该国有独资企业（公司）在新设公司中所占股份超过50%的，对新设公司承受该国有独资企业（公司）的土地、房屋权属，免征契税。

②企业股权重组，即在股权转让中，单位、个人承受企业股权，企业土地、房屋权属不发生转移，不征收契税；国有、集体企业实施“企业股份合作制改造”，由职工买断企业产权，或向其职工转让部分产权，或者通过其职工投资增资扩股，将原企业改造为股份合作制企业的，对改造后的股份合作制企业承受原企业的土地、房屋权属的，免征契税。

③对国有控股公司以部分资产投资组建新公司，且该国有控股公司占新公司股份85%以上的，对新公司承受该国有控股公司土地、房屋权属免征契税。上述所称国有控股公司，是指国家出资额占有限责任公司资本总额50%以上，或国有股份占股份有限公司股本总额50%以上的国有控股公司；以出让方式承受原国有控股公司土地使用权的，不属于免征契税的范围。

④企业合并，即两个或两个以上企业，依据法律规定、合同约定，而合并改建为一个企业，对其合并后的企业承受原合并各方的土地、房屋权属，免征契税。

⑤企业分立，即企业依照法律规定、合同约定分设为两个或两个以上投资主体相同的企业，对派生方、新设方承受原企业土地、房屋权属，不征收契税。

⑥房屋附属设施，对于承受与房屋相关的附属设施（包括停车位、汽车库、自行车库、顶层阁楼以及储藏室）所有权或土地使用权的行为，按照契税法律、法规的规定征收契税；对于不涉及土地使用权和房屋所有权转移变动的，不征收契税。

⑦继承土地、房屋权属，对于我国《继承法》规定的法定继承人（包括配

偶、子女、父母、兄弟姐妹、祖父母、外祖父母）继承土地、房屋权属的，不征契税；非法定继承人根据遗嘱承受死者生前的土地、房屋权属，属于赠予行为，应征收契税。

（3）其他情形。

①经国务院批准实施债权转股权的企业，对债权转股权后新设立的公司承受原企业的土地、房屋权属，免征契税。

②政府主管部门对国有资产进行行政性调整和划转过程中发生的土地、房屋权属转移，不征收契税。

③企业改制重组过程中，同一投资主体内部所属企业之间土地、房屋权属的无偿划转，包括母公司与其全资子公司之间，同一公司所属全资子公司之间，同一自然人与其设立的个人独资企业、一人有限公司之间土地、房屋权属的无偿划转，不征收契税。

④对拆迁居民因拆迁重新购置住房的，对购房成交价格中相当于拆迁补偿款的部分免征契税；成交价格超过拆迁补偿款的，对超过部分征收契税。

⑤公司制企业在重组过程中，以名下土地、房屋权属对其全资子公司进行增资，属同一投资主体内部资产划转，对全资子公司承受母公司土地、房屋权属的行为，不征收契税。

⑥自2011年9月1日起，婚姻关系存续期间，房屋、土地权属原归夫妻一方所有，变更为夫妻双方共有的，免征契税。

除此以外，纳税人发生纳税义务的时间为纳税人签订土地、房屋权属转移合同的当天，或者纳税人取得其他具有土地、房屋权属转移合同性质凭证的当天；纳税期限为纳税人应当自纳税义务发生之日起10日内，向土地、房屋所在地的契税征收机关办理纳税申报，并在契税征收机关核定的期限内缴纳税款；契税一般在土地、房屋所在地的征收机关予以缴纳。

我们接下来看怎样对契税进行会计处理。需要注意的是，对于企业取得的土地使用权，若是有偿取得的，一般应作为无形资产入账；相应地，为取得该项土地使用权而缴纳的契税，也应当计入无形资产价值。我们通过下面的两个案例来认识契税的会计处理方法。

案例

一家中外合资企业在2014年4月从当地政府手中取得某块土地使用权，并支付土地使用权出让费120万元，该地适用的契税税率为3%。按规定，该中外合资企业应当缴纳的契税为：

120×3%=3.6万元

那么，该中外合资企业在实际缴纳契税时，应作如下会计分录：

借：无形资产——土地使用权3.6万元

  贷：银行存款3.6万元

案例

M公司以一栋房屋换取N公司的一栋房屋，在房屋交换契约中写明：M公司房屋价值5000万元，N公司房屋价值3600万元。经税务机关核实后，认为M公司与N公司双方的房屋价值与契约上写明的价值基本相符。在这项房屋交换中，N公司应是房屋产权的承受人，是多得的一方，为契税的纳税人。假设N公司所在地的契税税率为5%，那么，计算N公司的契税时，所进行的会计处理如下：

N公司应交契税=（5000-3600）×5%=70（万元）

N公司在计提税金时，会计分录如下：

借：固定资产1470万元

  贷：应付账款——M公司1400万元

    应交税费——应交契税70万元

N公司在实际缴纳契税时，所作的会计分录如下：

借：应交税费——应交契税70万元

  贷：银行存款70万元

6.3 遗产税会计

所谓遗产税，是在一个国家或地区内对死者留下的遗产进行征税的一种税。遗产税是以被继承人去世后所遗留的财产为征税对象，向遗产的继承人和受遗赠人予以征税。从理论上讲，遗产税是为了调节财产分配，防止贫富过分悬殊，并增加社会公益事业的财力。在具体实施中，遗产税常和赠予税联系在一起，并一同设立和征收。目前，我国对遗产税尚处于调研当中，所以还没有开征遗产税。

但从世界范围来看，已有100多个国家开征了遗产税，并在具体的征收当中，存在较大的差别。总的来说，遗产税制度主要包括三类：

（1）总遗产税制。

这是对财产所有人死亡后遗留的财产总额，进行综合课征；纳税人是遗嘱的执行人或遗产管理人，规定有起征点，一般采用超额累进税率，不考虑继承人与被继承人的亲疏关系和继承的个人情况，在表现形式上为“先税后分”，即先对财产总额征税，然后再根据遗嘱来分配遗产。现在，美国、英国、新西兰、新加坡等国家和地区都实行该遗产税制。

（2）分遗产税制。

这是对各个继承人分得的遗产份额，分别进行课征的税制，其纳税人为遗产继承人，形式上表现为“先分后税”，即先根据遗嘱分配遗产，然后再由各遗产承受人缴税。该税制一般也采取超额累进税率。目前，日本、法国、德国、韩国、波兰等国家实行分遗产税制。

（3）总分遗产税。

这也称为混合遗产税，是将前面两种税制相结合的一种遗产税制，是对被继承人的遗产先征收总遗产税，再对继承人所得的继承份额征收分遗产税，表现形式是“先总税、后分再税”。该税制先对遗产总额征税，使国家税收有了基本保障，然后根据不同情况，有区别地对各继承人征税，使得税收公平得到落实。但该税制在实施中，对同一遗产征税两次，有重复征税之嫌，并使得产税制更加复杂。

由于我国正处于对遗产税的调研当中，包括遗产税的起征点为多少比较适宜等，所以我们对遗产税的了解暂到此处，待日后国家对遗产税正式立法后，我们再进行持续研究。

6.4 城镇土地使用税会计

所谓城镇土地使用税，是以开征范围的土地为征税对象，以实际占用的土地面积为计税标准，按规定税额对拥有土地使用权的单位和个人征收的一种税。该税种兼具财产税和行为税的双重特点，即我们若将城镇土地视为一种资源，那么城镇土地使用税便是一种财产税；我们若将城镇土地使用视为一种应税行为，它便是一种行为税。

我国《城镇土地使用税暂行条例》规定，在城市、县城、建制镇、工矿区范围内使用土地的单位和个人，为城镇土地使用税的纳税人，应当依法缴纳土地使用税。具体征税范围是：

（1）城市、县城、建制镇和工矿区的国家所有、集体所有的土地。

（2）从2007年7月1日起，外商投资企业、外国企业和在华机构的用地，也要征收城镇土地使用税。

在纳税人的确认上，具体如下：

（1）拥有土地使用权的单位和个人是纳税人。

（2）拥有土地使用权的单位和个人不在土地所在地的，其土地的实际使用人和代管人为纳税人。

（3）土地使用权未确定的或权属纠纷未解决的，其实际使用人为纳税人。

（4）土地使用权共有的，共有各方都是纳税人，由共有各方分别纳税。比如说，三个单位共有一块土地使用权，一方占比50%，另两方各占25%，如果算出的税额为100万元，则三方分别按50万元、25万元与25万元的数额负担土地使用税。

在计税依据上，城镇土地使用税以实际占用的土地面积为计税依据。其中，“实际占用的土地面积”可通过这样三种方式测定：凡由省、自治区、直辖市人民政府确定的单位组织测定土地面积的，以测定的面积为准；尚未组织测量，但纳税人持有政府部门核发的土地使用证书的，以证书确认的土地面积为准；尚未核发土地使用证书的，应由纳税人申报土地面积，据以纳税，待核发土地使用证以后再作调整。

这里需要注意的是，税务机关不能核定纳税人实际使用的土地面积。

在税率规定上，城镇土地使用税采用有幅度的差别税额，也就是说，按大、中、小城市和县城、建制镇、工矿区分别规定每平方米城镇土地使用税年应纳税额。城镇土地使用税每平方米年纳税额的标准具体规定如下：

（1）大城市1.5~30元；

（2）中等城市1.2~24元；

（3）小城市0.9~18元；

（4）县城、建制镇、工矿区0.6~12元。

到此，我们可以得出城镇土地使用税应纳税额的计算公式如下：

城镇土地使用税＝应税土地实际占用的面积×适用单位税额

城镇土地使用税在纳税期限上与房产税、车船使用税相同，采取按年征收，分期交纳的方法。我们接下来通过一个案例来认识城镇土地使用税的核算与会计处理：

案例

和平公司主营物流运输，占用土地面积为1500平方米，每平方米年纳税额核定为6元。该公司月末计算当月应纳城镇土地使用税为：

$1500 \times \frac{6}{12} = 750$（元）

那么，和平公司可以做如下会计分录：

借：管理费用——税金750元

贷：应交税金——应交城镇土地使用税750元

另外，我国对城镇土地使用税还规定了若干优惠与减免措施，具体如下：

（1）国家预算收支单位的自用地免税。

具体有：国家机关、人民团体、军队自用的土地均免征土地使用税，但如果对外出租、经营，则需交土地使用税；由国家财政部门拨付事业经费的单位自用的土地；市政街道、广场、绿化地带等公共用地；直接用于农、林、牧、渔业的生产用地等。

（2）对企业的铁路专用线、公路等用地，在厂区以外，与社会公用地段未加隔离的，暂免征收土地使用税。

（3）对企业厂区以外的公共绿化用地和向社会开放的公园用地，暂免征收城镇土地使用税。

（4）对水利设施及其管护用地（如水库库区、大坝、堤防、灌渠、泵站等用地），免征土地使用税；其他用地，如生产、办公、生活用地，应照章征收土地使用税。

（5）对林区的有林地、运材道、防火道、防火设施用地，免征土地使用税。林业系统的森林公园、自然保护区，可比照公园免征土地使用税。

（6）对高校后勤实体免征城镇土地使用税。

（7）个人所有的居住房屋及院落用地免征土地使用税。

（8）免税单位职工家属的宿舍用地。

（9）民政部门举办的安置残疾人占一定比例的福利工厂用地。

（10）集体和个人办的各类学校、医院、托儿所、幼儿园用地免征土地使用税。

在获悉这些税收优惠政策后，税务会计人员在处理涉税事务时，可以积极靠近税法的优惠条款，从而有效减轻企业的税负。

我们接下来再看一个案例，了解怎样对城镇土地使用税进行会计处理。

案例

F工业企业占用土地4000平方米，该企业位于一个中等城市，当地税务机关核定该企业的城镇土地使用税单位税额为9元/平方米。那么，F企业在进行会计分录时，具体如下：

应纳税额＝4000×9＝36000（元）

在计提税金时，进行会计分录如下：

借：管理费用36000元

贷：应交税费——应交土地使用税36000元

F企业在实际缴纳城镇土地使用税时，作会计分录如下：

借：应交税费——应交土地使用税36000元

贷：银行存款36000元

6.5 土地增值税会计

所谓土地增值税，是指转让国有土地使用权、地上的建筑物及其附着物并取得收入的单位和个人，以转让所取得的收入包括货币收入、实物收入和其他收入，并以这些收入为计税依据向国家缴纳的一种税；土地增值税不包括以继承、赠予方式无偿转让房地产的行为。

土地增值税的纳税人，转让国有土地使用权及地上建筑物和其他附着物产权、并取得收入的单位和个人；土地增值税的课税对象是指有偿转让国有土地使用权及地上建筑物和其他附着物产权所取得的增值额。其中，土地价格增值额是指转让房地产取得的收入减除规定的房地产开发成本、费用等支出后的余额。我国土地增值税实行四级超率累进税率。

在对土地增值税进行具体计算时，可参考下述土地增值税税率表：

土地增值税税率表			
级数	计税依据	适用税率	速算扣除率
1	增值额未超过扣除项目金额50%的部分	30%	0
2	增值额超过扣除项目金额50%、未超过扣除项目金额100%的部分	40%	5%

3	增值额超过扣除项目金额100%、未超过扣除项目金额200%的部分	50%	15%
4	增值额超过扣除项目金额200%的部分	60%	35%

需要补充的是，房地产企业建设普通住宅出售的，若增值额未超过扣除金额20%的，免征土地增值税。

案例

某地产开发公司在一个项目竣工前，预先售出部分房地产而取得收入200万元，假设应预缴土地增值税20万元；在项目竣工后，工程全部收入为500万元。按照税法规定，该项目应缴纳土地增值税80万元。于是，该地产开发公司做会计分录如下：

在收到预付款时，

借：银行存款200万元

贷：预收账款——某买主200万元

按照税务机关的核定比例，预提应交土地增值税时，

借：递延所得税——土地增值税20万元

贷：应交税费——应交土地增值税20万元

预缴土地增值税时，

借：应交税费——应交土地增值税20万元

贷：银行存款20万元

实现收入、办理结算时，

借：预收账款——某买主200万元

银行存款300万元

贷：主营业务收入500万元

按照土地增值税的规定，计算整个工程项目收入应交土地增值税时，

借：营业税金及附加80万元

贷：应交税费——应交土地增值税60万元

递延所得税——土地增值税20万元

缴清应交土地增值税时，

借：应交税费——应交土地增值税60万元

贷：银行存款60万元

另外，我们在对土地增值税进行具体应用时，由于考虑到土地增值税是以转让房地产取得的收入和减除法定扣除项目金额后的增值额作为计税依据，并按照四级超率累进税率进行征收，所以土地增值税的计算公式为：

应纳税额 = 增值额 × 适用税率 - 扣除项目金额 × 速算扣除系数

那么，这里的“扣除项目”都包括哪些呢？

（1）**取得土地使用权所支付的金额。**这主要是指纳税人为取得土地使用权所支付的地价款和按国家统一规定交纳的有关费用，具体有：以出让方式取得土地使用权的，扣除项目为支付的土地出让金；以行政划拨方式取得土地使用权的，扣除项目为转让土地使用权时按规定补交的出让金；以转让方式得到土地使用权的，扣除项目为支付的地价款。

（2）**开发土地和新建房及配套设施的成本，或称为房地产开发成本。**这包括土地征用及拆迁补偿费、前期工程费、建筑安装工程费、基础设施费、公共设施配套费、开发间接费用。这些成本允许按实际发生额扣除。

（3）**开发土地和新建房及配套设施的费用，或称为房地产开发费用。**这是指销售费用、管理费用、财务费用。对于那些与房地产开发有关的费用，直接计入当年损益，不按房地产项目进行归集或分摊。另外，财务费用中的利息支出，凡能够按转让房地产项目计算分摊，并提供金融机构证明的，允许据实扣除，但最高不能超过按商业银行同类同期贷款利率计算的金额。房地产开发费用按取得土地使用权所支付的金额及房地产开发成本之和的5%以内予以扣除。凡不能提供金融机构证明的，利息不单独扣除，三项费用的扣除按取得土地使用权所支付的金额及房地产开发成本的10%以内计算扣除。

（4）**旧房及建筑物的评估价格。**这是指在转让已使用的房屋及建筑物时，由政府批准设立的房地产评估机构评定的重置成本价，再乘以折扣率后的价值，并由当地税务机关参考评估机构的评估而确认的价格。

（5）**与转让房地产有关的税金。**这是指在转让房地产时缴纳的营业税、城市维护建设税、印花税。因转让房地产交纳的教育费附加，也可视同税金予以扣除。

（6）**加计扣除。**对从事房地产开发的纳税人，可按取得土地使用权所支付的金额与房地产开发成本之和加计20%的金额扣除。

在土地增值税的征收范围里，按照“一般”与“特殊”的两种划分，存在着两种情况，分别是：

（1）**一般规定。**

①土地增值税只对“转让”国有土地使用权的行为征税，对“出让”国有土地使用权的行为不征税。

②土地增值税既对转让国有土地使用权的行为征税，也对转让地上建筑物及其他附着物产权的行为征税。

③土地增值税只对“有偿转让”的房地产征税，对以“继承、赠予”等方式无偿转让的房地产，不予征税，这主要包括两种行为：房产所有人、土地使用人将房产、土地使用权赠予“直系亲属或者承担直接赡养义务人”；房产所有人、土地使用人通过中国境内非营利的社会团体、国家机关将房屋产权、土地使用权赠予教育、民政和其他社会福利、公益事业。

（2）**特殊规定。**

①以房地产进行投资联营。以房地产进行投资联营一方以土地作价入股进行投资或者作为联营条件的，免征收土地增值税。其中，如果投资联营的企业从事房地产开发，或者房地产开发企业以其建造的商品房进行投资联营的，就不能暂免征税。

②房地产开发企业将开发的房产转为自用或者用于出租等商业用途，如果产权没有发生转移，则不征收土地增值税。

③房地产的互换，由于发生了房产转移，因此属于土地增值税的征税范围。但是对于个人之间互相交换自有居住用房的行为，经过当地税务机关审核，可以免征土地增值税。

④合作建房，对于一方出地，另一方出资金，双方合作建房，建成后按比例分房自用的，暂免征收土地增值税；但建成后转让的，应征收土地增值税。

⑤房地产的出租，指房产所有者或土地使用者，将房产或土地使用权租赁给承租人使用，并由承租人向出租人支付租金的行为。房地产企业虽然取得了收入，但没有发生房产产权、土地使用权的转让，因此，不属于土地增值税的征税范围。

⑥房地产的抵押，指房产所有者或土地使用者作为债务人或第三人，向债权人提供不动产作为清偿债务的担保而不转移权属的法律行为。这种情况下房产的产权、土地使用权在抵押期间并没有发生权属的变更，因此对房地产的抵押，在抵押期间不征收土地增值税。

⑦企业兼并转让房地产，在企业兼并中，对被兼并企业将房地产转让到兼并企业中的，免征收土地增值税。

⑧房地产的代建行为，是指房地产开发公司代客户进行房地产的开发，开发完成后向客户收取代建收入的行为。对于房地产开发公司而言，虽然取得了收入，但没有发生房地产权属的转移，其收入属于劳务收入性质，故不在土地增值税征税范围。

⑨房地产的重新评估，即按照财政部门的规定，国有企业在清产核资时对房地产进行重新评估而产生的评估增值，因其既没有发生房地产权属的转移，房产产权、土地使用权人也未取得收入，所以不属于土地增值税征税范围。

⑩土地使用者处置土地使用权，土地使用者转让、抵押或置换土地，无论其是否取得了该土地的使用权属证书，无论其在转让、抵押或置换土地过程中是否与对方当事人办理了土地使用权属证书变更登记手续，只要土地使用者享有占用、使用收益或处分该土地的权利，具有合同等证据表明其实质转让、抵押或置换了土地并取得了相应的经济利益，土地使用者及其对方当事人就应当

依照税法规定缴纳营业税、土地增值税和契税等。

在土地增值税的征收方式上，可以按照两种方式进行。首先，核定征收，即按照转让二手房交易价格全额的1%征收率征收，比如，某房产成交价为50万元，土地增值税应为：

50×1%=0.5（万元）

其次，减除法定扣除项目金额后，按四级超率累进税率征收。这里分两种情况，一个是能够提供购房发票，二是不能够提供发票，但能够提供房地产评估机构的评估报告。对于能够提供购房发票的，可减除这些项目金额：取得房地产时有效发票所载的金额；按发票所载金额，从购买年度起至转让年度止，每年加计5%的金额；按国家规定统一交纳的与转让房地产有关的税金；取得房地产时所缴纳的契税。

对于不能够提供购房发票，但能够提供房地产评估机构按照重置成本评估法，评定的房屋及建筑物价格评估报告的，扣除项目金额按这些标准确认：取得国有土地使用权时所支付的金额证明；中介机构评定的房屋及建筑物价格（不包括土地评估价值），需经地方主管税务机关对评定的房屋及建筑物价格进行确认；按国家规定统一交纳的与转让房地产有关的税金和价格评估费用。

在纳税申报上，土地增值税的纳税人应在转让房地产合同签订后的7日内，到房地产所在地主管税务机关办理纳税申报，并向税务机关提交房屋及建筑物产权、土地使用权证书，土地转让、房产买卖合同，房地产评估报告及其他与转让房地产有关的资料。

在纳税地点方面，土地增值税的纳税人应向房地产所在地主管税务机关办理纳税申报，并在税务机关核定的期限内缴纳。其中，“房地产所在地”是指房地产的坐落地。纳税人转让的房地产坐落在两个或以上地区的，应按房地产所在地分别申报纳税。

我们接下来通过一个案例了解土地增值税的会计处理方法：

案例

G房地产开发公司在2014年3月将其开发的一幢写字楼出售，共取得销售收入3800万元。G公司当初为开发项目支付土地出让金600万元，房地产开发成本为1400万元，专门为开发该项目支付的贷款利息120万元。G公司为转让该项目，应当缴纳营业税、城市维护建设税及教育费附加共计210.9万元。当地政府规定，企业可以按土地使用权出让费、房地产开发成本之和的5%计算扣除其他房地产开发费用。此外，我国税法还规定，从事房地产开发的企业可以按土地出让费和房地产开发成本之和的20%加计扣除。

那么，G公司应纳土地增值税的计算步骤为：

扣除项目金额＝600＋1400＋120＋210.9＋（600＋1400）×5%＋（600＋1400）×20%＝2830.9（万元）

该写字楼的增值额＝3800−2830.9＝969.1（万元）

增值额占扣除项目的比例＝969.1÷2830.9×100%＝34.23%。

G公司应纳土地增值税的税额＝969.1×30%＝290.73（万元）。

那么，G公司在做会计分录时，可以如下进行：

借：经营税金及附加290.73万元

　贷：应交税金——应交土地增值税290.73万元

G公司在向税务机关缴纳土地增值税时，可做如下会计分录：

借：应交税金——应交土地增值税290.73万元

　贷：银行存款290.73万元

CHAPTER SEVEN

第七章 行为税会计

所谓行为税，是国家为了对某些特定行为进行限制或开辟某些财源而课征的一类税。比如，我们平时听说的“车船使用税”（即车船税）、“印花税”、“车辆购置税”等，均属于行为税。总体来说，行为税在征收上比较零星分散，一般作为地方政府筹集地方财政资金的一种手段。行为税的最大特点，便是纳税行为的发生具有偶然性或一次性。

我们接下来了解几种比较常见的行为税的会计处理。

7.1 车船税会计

车船税也称作车船使用税，是指对在我国境内应依法到公安、交通、农业、渔业、军事等管理部门办理登记的车辆、船舶，根据其种类，按照规定的计税依据和年纳税额标准计算征收的一种税。车船税既可以视为一种财产税，也可以视为一种行为税。

从2007年7月1日开始，纳税人需要在投保“交强险”时缴纳车船税。在征收范围上，顾名思义，车船税的征收范围主要包括依法应当在我国车船管理部门登记的车辆与船舶，当然，依法规定减免该税的车船除外。车船税的征收范围具体如下：

（1）车辆，包括机动车辆和非机动车辆。这里的机动车辆，指依靠燃油、电力等能源作为动力运行的车辆，如汽车、拖拉机、无轨电车等；非机动车辆，指依靠人力、畜力运行的车辆，如三轮车、自行车、畜力驾驶车等。

（2）船舶，包括机动船舶和非机动船舶。所谓机动船舶，是指依靠燃料等能源作为动力运行的船舶，如客轮、货船、气垫船等；非机动船舶，指依靠人力或者其他力量运行的船舶，如木船、帆船、舢板等。

一般来说，购置的新车船，在购置当年的应纳税额自纳税义务发生的当月起，按月计算。其计算公式为：

应纳税额=年应纳税额÷12×应纳税月份数

在车船税的具体征收上，采用定额税率。所谓定额税率，也称为固定税额，是税率的一种特殊形式，它适用于从量计征的税种。也就是说，车船税对征税的车船规定单位的固定税额，在征税时总的原则是：非机动车船的税负轻于机动车船；人力车的税负轻于畜力车；小吨位船舶的税负轻于大船舶。

车船税定额税率表

车船类型	计税单位	税额（元）	备注
载客汽车	每辆	60～660	包括电车
载货汽车、专项作业车	按自重每吨	16～120	包括半挂牵引车、挂车
三轮汽车、低速货车	按自重每吨	24～120	
摩托车	每辆	36～180	
船舶	按净吨位每吨	3～6	拖船和非机动驳船分别按船舶税额的50%计算

车船税的纳税义务发生时间，为车船管理部门核发的车船登记证书或者行驶证书所记载日期的当月。纳税人未按照规定到车船管理部门办理应税车船登记手续的，以车船购置发票所载开具时间的当月作为车船税的纳税义务发生时间。对未办理车船登记手续且无法提供车船购置发票的，由主管地方税务机关核定纳税义务发生时间。

车船税按年申报缴纳。纳税年度自公历1月1日起至12月31日止。具体申报纳税期限由省、自治区、直辖市人民政府确定。车船税由地方税务机关负责征收，纳税地点由省、自治区、直辖市人民政府根据当地实际情况确定。跨省、自治区、直辖市使用的车船，纳税地点为车船的登记地。

在车船税的申报上，具体可按如下方式进行：

（1）车船的所有人或者管理人未缴纳车船税的，使用人应当代为缴纳车船税。

（2）从事机动车交通事故责任强制保险业务的保险机构为机动车车船税的扣缴义务人，应当依法代收代缴车船税。

（3）机动车车船税的扣缴义务人依法代收代缴车船税时，纳税人不得拒绝。由扣缴义务人代收代缴机动车车船税的，纳税人应当在购买机动车交通事故责任强制保险的同时缴纳车船税。

（4）纳税人对扣缴义务人代收代缴税款有异议的，可以向纳税所在地的主管地方税务机关提出。

（5）纳税人在购买机动车交通事故责任强制保险时缴纳车船税的，不再向地方税务机关申报纳税。

（6）扣缴义务人在代收车船税时，应当在机动车交通事故责任强制保险的保险单上注明已收税款的信息，作为纳税人完税的证明。除另有规定外，扣缴义务人不再给纳税人开具代扣代收税款凭证。纳税人如有需要，可以持注明已收税款信息的保险单，到主管地方税务机关开具完税凭证。

（7）扣缴义务人应当及时解缴代收代缴的税款，并向地方税务机关申报。扣缴义务人解缴税款的具体期限，由各省、自治区、直辖市地方税务机关依照法律、行政法规的规定确定。

（8）地方税务机关应当按照规定支付扣缴义务人代收代缴车船税的手续费。税务机关付给扣缴义务人代收代缴手续费的标准由国务院财政部门、税务主管部门制定。

我们接下来再来了解有关车船税的优惠措施。这主要包括车船税的“法定减免”与“特定减免”两部分。

（1）法定减免。

①非机动车船（不包括非机动驳船），这是指以人力或者畜力驱动的车辆，以及符合国家有关标准的残疾人机动轮椅车、电动自行车等车辆；非机动船是指自身没有动力装置，依靠外力驱动的船舶；非机动驳船是指在船舶管理部门登记为驳船的非机动船。

②拖拉机，即在农业（农业机械）部门登记为拖拉机的车辆。

③捕捞、养殖渔船，即在渔业船舶管理部门登记为捕捞船或养殖船的渔业船舶。这里面不包括在渔业船舶管理部门登记为捕捞船或养殖船以外类型的渔业船舶。

④军队、武警专用的车船，即按照规定在军队、武警车船管理部门登记，并领取军用牌照、武警牌照的车船。

⑤警用车船，即公安机关、国家安全机关、监狱、劳动教养管理机关和人民法院、人民检察院领取警用牌照的车辆和执行警务的专用船舶。

⑥依照我国有关法律和我国缔结或者参加的国际条约的规定应当予以免税的外国驻华使馆、领事馆和国际组织驻华机构及其有关人员的车船。

（2）特定减免。

①对尚未在车辆管理部门办理登记、属于应减免税的新购置车辆，车辆所有人或管理人可提出减免税申请，并提供机构或个人身份证明文件和车辆权属证明文件以及地方税务机关要求的其他相关资料。经税务机关审验符合车船税减免条件的，税务机关可为纳税人出具该纳税年度的减免税证明，以方便纳税人购买机动车交通事故责任强制保险。另外，新购置应予减免税的车辆所有人或管理人在购买机动车交通事故责任强制保险时已缴纳车船税的，在办理车辆登记手续后可向税务机关提出免税申请，经税务机关审验符合车船税减免税条件的，税务机关应退还纳税人多缴的税款。

②省、自治区、直辖市人民政府可以根据当地实际情况，对城市、农村公共交通车船给予定期减税、免税。

对于计提车船税，可以进行会计分录如下：

借：管理费用——车船使用税

贷：应缴税费——车船使用税

在向税务机关缴纳车船税后，可以进行会计分录如下：

借：应缴税费——车船使用税

贷：银行存款

7.2 印花税会计

所谓印花税，是以经济活动中签订的各种合同、产权转移凭据、权利许可证照等应税凭证文件为对象而征收的一种税。根据我国《印花税暂行条例》的规定，我国印花税只对5类凭证征税，具体包括：

（1）购销、加工承揽、建设工程勘察设计、建设工程承包、财产租赁、货物运输、仓储保管、借款、财产保险、技术合同或者具有合同性质的凭证。

（2）产权转移书据。

（3）营业账簿。

（4）房屋产权证、工商营业执照、商标注册证、专利证、土地使用证、许可证照。

（5）经财政部确定征税的其他凭证。

我国现行的印花税只对上述5类凭证征税，对于没有列举的凭证则不征税。我们接下来了解印花税的具体征税范围：

（1）经济合同类。具体有10种，如下所示：

①购销合同；

②加工承揽合同；

③建设工程勘察设计合同；

④建筑安装工程承包合同；

⑤财产租赁合同；

⑥货物运输合同；

⑦仓储保管合同；

⑧借款合同；

⑨财产保险合同；

⑩技术合同。

（2）产权转移书据。

即财产权利关系的变更行为，表现为产权主体发生变更。产权转移书据是在产权的买卖、交换、继承、赠予、分割等产权主体变更过程中，由产权出让人与受让人之间所订立的民事法律文书。

目前，我国印花税税目中的产权转移书据包括财产所有权、版权、商标专用权、专利权、专有技术使用权共5项产权的转移书据。其中，不动产所有权转移书据，是指经政府管理机关登记注册的不动产；动产所有权转移所书立的书据，包括股份制企业向社会公开发行的股票，因购买、继承、赠予所书立的产权转移书据。

此外，土地使用权出让合同、土地使用权转让合同、商品房销售合同按照产权转移书据征收印花税。

（3）营业账簿。

按照营业账簿反映的内容不同，在税目中分为记载资金的账簿（即资金账簿）和其他营业账簿两类，以便于分别采用按金额计税和按件计税两种计税方法。

在印花税的征收问题上，需要考虑税目与税率。其中，印花税的税目指税法明确规定的应当纳税的项目，它具体划定了印花税的征税范围。一般地说，列入税目的就要征税，未列入税目的就不征税。我国印花税现有13个税目。

印花税的税率有两种形式，即比例税率和定额税率；税目不同，税率一般也不同。比如，购销合同与建筑安装工程承包合同，均按购销金额的0.3‰贴花；加工承揽合同与建设工程勘察设计合同，均按加工或承揽收入的0.5‰贴花等。

在征收方式上，主要有从价计征和从量计征两种方式。在税额计算上，若按照比例税率计算应纳税额，可采用如下的计算公式：

应纳税额＝计税金额×适用税率

若按照定额税率计算应纳税额，则有如下计算公式：

应纳税额＝凭证数量×单位税额

另外，我国还规定一些凭证可以免征印花税，具体如下：

（1）已经缴纳印花税的凭证的副本、抄本，但视同正本使用者除外。

（2）财产所有人将财产赠给政府、抚养孤老伤残人员的社会福利单位、学校所立的书据。

（3）国家指定的收购部门与村民委员会、农民个人书立的农副产品收购合同。

（4）无息、贴息贷款合同。

（5）外国政府、国际金融组织向中国政府、国家金融机构提供优惠贷款所书立的合同。

（6）企业因改制而签订的产权转移书据。

（7）农民专业合作社与本社成员签订的农业产品和农业生产资料购销合同。

（8）个人出租、承租住房签订的租赁合同，廉租住房、经济适用住房经营管理单位与廉租住房、经济适用住房有关的凭证，廉租住房承租人、经济适用住房购买人与廉租住房、经济适用住房有关的凭证。

（9）下列项目可以暂免征收印花税：

①农林作物、牧业畜类保险合同；

②书、报、刊的发行单位之间，发行单位与订阅单位、个人之间订立的凭证；

③投资者买卖证券投资基金单位；

④经国务院和省级人民政府决定或者批准进行政企脱钩、对企业（集团）

进行改组和改变管理体制、变更企业隶属关系，国有企业改制、盘活国有企业资产，发生的国有股权无偿划转行为；

⑤个人销售、购买住房。

在进行印花税会计处理时，对于不经常发生的印花税，一般按次申报缴纳；当月发生的，下月初申报；对于经常发生购销活动的购销合同，一般年末一起按照销售采购额核对比例一起征收。在计提印花税时，可以做如下会计分录：

借：管理费用

　贷：应交税费——应交印花税

在缴纳印花税时，可以做会计分录如下：

借：应交税费——应交印花税

　贷：银行存款

我们接下来通过一个案例来认识印花税的会计处理。

案例

A建筑公司在2014年2月承包了某厂区的一项建筑工程，工程造价为6000万元；双方按照经济合同法签订了建筑工程承包合同。根据税法规定，订立建筑安装承包合同，应按合同金额的0.3‰贴花（即缴纳印花税）。那么，A公司应该怎样进行会计分录呢？

首先，计算出应纳税额：

6000×0.3‰=1.8（万元）

接下来，A公司在缴纳印花税时，作如下会计分录：

借：管理费用1.8万元

　贷：银行存款1.8万元

根据税法规定，各种合同应在正式签订时贴花。所以，A公司应在自己的合同正本上贴花1.8万元，由于该合同的贴花数额超过500元，所以A公司应向税务机关申请填写缴款书或完税凭证，并将其中的一联粘贴在合同上，或由税务机关在合同上加注完税标记。

7.3 车辆购置税会计

所谓车辆购置税，是对在境内购置规定车辆的单位和个人征收的一种税。车辆购置税的纳税人，是购置（包括购买、进口、自产、受赠、获奖或以其他方式取得并自用）应税车辆的单位和个人，征税范围为汽车、摩托车、电车、挂车、农用运输车等。

车辆购置税与车船税相似，若从“车辆作为财产”的属性来看，车辆购置税属于一种财产税；若从“车辆购置作为一种行为”来看，它又属于一种行为税。车辆购置税的税率为10%，计算公式为：

应纳税额 = 计税价格 × 税率

总体来说，车辆购置税有这样的特点：

（1）征收范围单一。

也就是说，它以购置的特定车辆为课税对象。从这个角度上来看，车辆购置税也可以理解为一种财产税。

（2）征收环节单一。

车辆购置税实行一次课征制，它不是在生产、经营和消费的每一环节实行道道征收，而只是在退出流通进入消费领域的特定环节征收。从这个角度上来看，车辆购置税可以理解为一种行为税。

（3）税率单一。

车辆购置税只确定一个统一的比例税率，即10%来征收，税率具有不随课税对象数额变动的特点，所以计征简便、税法稳定。

（4）征收方法单一。

车辆购置税根据纳税人购置应税车辆的计税价格实行从价计征，以价格为计税标准，课税与价值直接发生关系，价值高者多征税，价值低者少征税。

（5）价外征收，税负不发生转嫁。

车辆购置税的计税依据中不包含车辆购置税税额，车辆购置税税额是附加在价格之外的，且纳税人即为负税人，税负不发生转嫁。

另外，对于车辆购置税的征收还存在如下特殊情况的规定：

（1）已经缴纳购置税的车辆，因质量问题需将该车辆退回车辆生产厂家的，可凭生产厂家的退车证明办理退税；退税时必须交回该车购置税原始完税凭证；不能交回该车原始完税凭证的，不予退税。

（2）已经缴纳购置税的车辆，因质量问题需由车辆生产厂家为车主更换车辆的，可凭生产厂家的换车证明及所更换的新车发票办理购置税变更手续，并交回原车购置税原始完税凭证；不能交回原始完税凭证的，不予办理车辆购置税变更手续。更换新车后，当新车辆的计税价格等于原车辆的计税价格时，则只需办理购置税变更手续；当新车辆的计税价格高于或者低于原车辆计税价格的，则按差额补税或者退税后办理变更手续。

（3）已经缴纳购置税的车辆因被盗抢或者其他原因，车辆的发动机号、底盘号或车辆识别号被涂改、破坏的，凭该车购置税原始完税凭证及公安机关车辆管理机构的相关证明，办理车辆购置税变更手续。

在车辆购置税的计算方法上，若消费者购买的是国产汽车，计税价格为支付给经销商的全部价款和价外费用，不包括增值税税款（税率17%）。这是因为，机动车销售专用发票的购车价中已包含增值税税款，所以在计征车辆购置税税额时，必须先将17%的增值税剔除，从而避免重复纳税。因此，车辆购置税计税价格的计算公式为：

车辆购置税计税价格＝发票价÷1.17

在计算出车辆购置税计税价格后，再通过“应纳税额＝计税价格×税率（10%）”的计算公式，便可计算出车辆购置税的应纳税额。

举例来说，张三买了一辆15万元的国产轿车，所开的购车发票上价格也为“15万元”，那么，张三应缴纳的车辆购置税为：

15÷1.17×10%＝1.28（万元）

假如消费者买的是进口汽车，那么，车辆购置税计税价格便是该汽车的完税价格。现在，我国进口汽车的完税价格计算公式如下所示：

完税价格＝到岸价格＋关税＋消费税＋增值税

一般来说，我国关税是25%，进口汽车还需缴纳最高为40%的消费税，以及17%的增值税，同时，再考虑到进口车不同的排量，所适用的税率也有区别。所以，进口车的排气量在3.0升～4.0升之间的，到岸综合税率为95.4%；排气量4.0升以上的，综合税率为143.7%。

举例来说，李四购买了一辆进口汽车，已知该进口车排气量为3.9升，到岸价格为30万元人民币，那么，该进口车的完税价格为：

30×（1＋95.4%）= 58.62（万元）

那么，李四需要为该进口车支付的车辆购置税为：

58.62×10%＝5.862（万元）

另外，我国还在车辆购置税方面规定了一些减免税的优惠措施，具体如下：

（1）外国驻华使馆、领事馆和国际组织驻华机构及其外交人员自用的车辆，免税。

（2）中国人民解放军和中国人民武装警察部队列入军队武器装备订货计划

的车辆，免税。

（3）设有固定装置的非运输车辆，免税。其中，设有固定装置的非运输车辆，包括：挖掘机、平地机、叉车、装载车（铲车）、起重机（吊车）、推土机等工程机械。

（4）防汛部门和森林消防等部门购置的由指定厂家生产的指定型号的用于指挥、检查、调度、防汛（警）、联络的专用车辆，免税。

（5）回国服务的在外留学人员购买的1辆国产小汽车，免税。

（6）长期来华定居专家进口1辆自用小汽车，免税。

（7）有国务院规定予以免税或者减税的其他情形的，按照规定免税、减税。

另外，我国对车辆购置税还有相关退税优惠措施，即纳税人已缴纳车辆购置税，若符合规定可以退还车辆购置税的，纳税人可以提出退税的申请，在由主管税务机关受理、核实后，办理车辆购置税退税审批手续，将应退还的车辆购置税退还纳税人。这主要包括两种情况，一是公安机关车辆管理机构不予办理车辆登记注册手续的，凭公安机关车辆管理机构出具的证明办理退税手续；二是因质量等原因发生退回所购车辆的，凭经销商的退货证明办理退税手续。

在车辆购置税的纳税地点上，若购置应税车辆，纳税人应当向车辆登记注册地的主管国税机关申报纳税；若购置不需要办理车辆登记注册手续的应税车辆，应当向纳税人所在地的主管国税机关申报纳税。

在车辆购置税的会计处理上，若购买的车辆作为公司的固定资产，那么，购买车辆的价格、购置税等相关税费和车辆的包装费等费用就是其成本，为车辆缴纳的相关保险费用，也计入损益。

举例来说，某公司购买一辆车，购车费用15万元，并为车辆购买了2000元保险，在进行会计处理时，可以如下进行：

借：固定资产150000元

　　管理费用——保险费2000元

　贷：银行存款152000元

对于先征后退的车辆购置税，企业在办理先征后退时，可以进行如下会计分录：

借：银行存款

  贷：应交税费——应交车辆购置税

企业在办理完退税手续时，可以做如下会计分录：

借：应交税费——应交车辆购置税（退税款）

  贷：固定资产

CHAPTER EIGHT

第八章 其他税种的会计

在我们进行的税务会计处理中，除了前面的一些税种、税目，我们还会接触到其他的税种，比如，个人所得税、消费税、关税等。当然，这些税种也都属于流转税、所得税、财产税与行为税的范围。我们接下来看还有哪些常见税种，应该进行怎样的会计处理。

8.1 个人所得税会计

所谓个人所得税，是一国对本国公民、居住在本国境内的个人的所得和境外个人来源于本国的所得征收的一种所得税。从这个定义中可知，个人所得税的纳税人，既包括本国居民纳税人，也包括非本国居民纳税人。在我国，居民纳税人负有完全纳税的义务，必须就其来源于中国境内、境外的全部所得缴纳个人所得税；而对于非居民纳税人，则仅就其来源于中国境内的所得，缴纳个人所得税。

个人所得税在我国财政收入中具有重要的作用。从2011年9月1日起，我国内地个人所得税免征额调至3500元，对于超出3500元以外的收入部分，属于应纳税所得，根据相应的税率予以征收个人所得税。

在个人所得税的适用税率上，根据不同的征税项目，我国《个人所得税法》规定了三种不同的税率，具体如下：

（1）对于个人工资、薪金所得，适用7级超额累进税率，按月应纳税所得额计算征税。

该税率按个人月工资、薪金应税所得额划分级次，最高一级为45%，最低一级为3%，共7级。

我国2011年9月1日起调整后的7级超额累进税率			
级次	全月应纳税所得额	税率	速算扣除数（元）
1	全月应纳税所得额不超过1500元	3%	0
2	全月应纳税所得额超过1500元至4500元	10%	105
3	全月应纳税所得额超过4500元至9000元	20%	555
4	全月应纳税所得额超过9000元至35000元	25%	1005
5	全月应纳税所得额超过35000元至55000元	30%	2755
6	全月应纳税所得额超过55000元至80000元	35%	5505
7	全月应纳税所得额超过80000元	45%	13505

在个人所得税的具体计算方法上，遵循以下计算公式：

个人所得税＝应纳税所得额×适用税率-速算扣除数

公式中隐含了一个扣除标准，即3500元/月（即工资、薪金所得），即为个人所得税的免征额。在计算个人所得税时，关键在于确定应纳税所得额为多少；这个数额一旦确定，只要根据上述计算公式便能计算出个人所得税。那么，“应纳税所得额”的计算公式为：

应纳税所得额＝（扣除“三险一金”后的月收入）-（扣除标准）

其中，“三险”是最基本的社会保险，包括养老保险、医疗保险和失业保险。用人单位为员工缴纳三险，是我国的一项法律规定，只要员工与用人单位签订劳动合同或形成实际的劳动雇佣关系，用人单位便必须为员工缴纳“三险”；“一金”指住房公积金。“三险一金”需个人与单位按照法定比例来承担，若以用人单位方式参保，则以员工实际工资作为交纳基数。

此外，我们还听说过“五险一金”的说法，即在“三险一金”的基础上，增加“工伤保险”和“生育保险”，这两种保险全由用人单位承担，员工无须承担。

一般来说，“三险一金”在不同的地区，会有不同的比例规定，但比率相对比较接近。比如，在北京市的“养老保险”缴费比例中，用人单位承担20%，员工个人承担8%；而在上海市的“养老保险”缴费比例中，用人单位承担22%，员工个人承担8%。我们接下来以2013年度上海市的“五险一金”缴费标准，来了解用人单位与个人的缴费比例：

2013年上海市“五险一金”缴费标准		
项目	单位承担比例	个人承担比例
养老保险	22%	8%
医疗保险	12%	2%
失业保险	1.7%	1%
工伤保险	0.5%	不用缴费
生育保险	0.8%	不用缴费
住房公积金	7%	7%

举例来说，上海市某公司的员工王五，工资为6000元/月，那么，在王五的“五险一金”中，单位与个人需缴纳的比例及数额为：

养老保险，单位缴纳6000×22%=1320元，个人缴纳6000×8%=480元；

医疗保险，单位缴纳6000×12%=720元，个人缴纳6000×2%=120元；

失业保险，单位缴纳6000×1.7%=102元，个人缴纳6000×1%=60元；

工伤保险，单位缴纳6000×0.5%=30元，个人无；

生育保险，单位缴纳6000×0.8%=48元，个人无；

住房公积金，单位缴纳6000×7%=420元，个人缴纳6000×7%=420元。

那么，在“五险一金”中，单位共计缴纳2640元，个人共计缴纳1080元。因此，王五的应纳税所得额为：（6000－1080）－3500＝1420（元）。

通过查看个人所得税率表可知，王五适用于1级税率，即3%，速算扣除数为0元，所以，王五应纳的个人所得税为：

1420×3%－0＝42.6（元）

同时，我们可以得到王五在税后的纯收入（俗称为“落到手的钱”）为：

6000－1080－42.6＝4877.4（元）

即王五的纯收入占其税前收入的比例为81.29%。

（2）个体工商户的生产、经营所得和对企事业单位的承包经营、承租经营所得适用5级超额累进税率。

适用按年计算、分月预缴税款的个体工商户的生产、经营所得，以及对企事业单位的承包经营、承租经营的全年应纳税所得额划分级次，最低一级为5%，最高一级为35%，共5级。我们具体来看下表：

个体工商户的生产经营所得和对企事业单位的承包经营、承租经营所得适用的5级超额累进税率表

级次	全年应纳税额	税率	速算扣除数（元）
1	不超过15000元的	5%	0
2	超过15000元至30000元的部分	10%	750
3	超过30000元至60000元的部分	20%	3750
4	超过60000元至100000元的部分	30%	9750
5	超过100000元的部分	35%	14750

在具体计算时，个体户每一纳税年度收入总额减除成本、费用以及损失后的余额为应纳税所得额，然后便可以计算出应纳个人所得税额。其计算公式分别为：

应纳税所得额＝收入总额－成本、费用及损失

应纳个人所得税额＝应纳税所得额×适用税率

其中，个体户的收入总额，是指个体户从事生产经营以及与生产经营有关的活动所取得的各项收入，包括商品销售收入、营业收入、劳务服务收入、工程价款收入、财产出租或转让收入、利息收入、其他业务收入和营业外收入。所谓“营业外收入”，是指与生产经营活动没有直接关系的各种收入，比如固定资产盘盈和变卖的收益、违约金、确实无法支付而按规定程序经批准后转作营业外收入的应付款项、物资和现金的溢余收入等。

准予税前扣除的项目，是指纳税人从事生产、经营所发生的各项直接支出和分配计入成本的间接费用，以及销售费用、管理费用、财务费用；所谓“损失”，是指纳税人在生产、经营过程中发生的各项营业外支出，如固定资产盘亏、报废、毁损和出售的净损失，自然灾害或者意外事故损失，公益救济性捐赠，赔偿金、违约金等。

（3）比例税率。

对个人的稿酬所得，劳务报酬所得，特许权使用费所得，利息、股息、红利所得，财产租赁所得，财产转让所得，偶然所得和其他所得，按次计算征收个人所得税，适用20%的比例税率。

其中，对稿酬所得适用20%的比例税率，并按应纳税额减征30%；对劳务报酬所得一次性收入畸高的，除按20%征税外，应纳税所得额超过2万元至5万元的部分，依照税法规定计算应纳税额后，再按照应纳税额加征50%；超过5万元的部分，加征100%。

我们在了解个人所得税适用的3种税率制度后，接下来我们了解在个人所得税的具体征收范围中，包括哪些内容：

（1）工资、薪金所得。

这是指个人因任职或受雇而取得的工资、薪金、奖金、年终加薪、劳动分红、津贴、补贴以及与任职或受雇有关的其他所得。也就是说，个人取得的所得，只要是与任职、受雇有关，不管其单位的资金开支方式是以现金，还是实物、有价证券等形式，都是工资、薪金所得项目的课税对象。

（2）个体工商户的生产、经营所得。

这主要包括4个方面，如下所示：

①经工商行政管理部门批准开业并领取营业执照的城乡个体工商户，从事工业、手工业、建筑业、交通运输业、商业、饮食业、服务业、修理业及其他行业的生产、经营取得的所得。

②个人经政府有关部门批准，取得营业执照，从事办学、医疗、咨询以及其他有偿服务活动取得的所得。

③其他个人从事个体工商业生产、经营取得的所得，即个人临时从事生产、经营活动取得的所得。

④上述个体工商户和个人取得的生产、经营有关的各项应税所得。

（3）对企事业单位的承包经营、承租经营所得。

这是指个人承包经营、承租经营以及转包、转租取得的所得，包括个人按月或者按次取得的工资、薪金性质的所得。

（4）劳务报酬所得。

这是指个人从事设计、装潢、安装、制图、化验、测试、医疗、法律、会计、咨询、讲学、新闻、广播、翻译、审稿、书画、雕刻、影视、录音、录像、演出、表演、广告、展览、技术服务、介绍服务、经济服务、代办服务以及其他劳务取得的所得。

在劳务报酬应纳所得税的计算上，有如下计算公式：

对于每次收入不足4000元的，适用以下计算公式：

应纳税额 =（每次收入额-800元）×20%

对于每次收入在4000元以上的，适用以下计算公式：

应纳税额 = 每次收入额×（1-20%）×20%

我们通过一个案例，来认识劳务报酬所得在缴纳个人所得税时的会计处理。

案例

一位演员于2014年3月在BJ市演出1天，共获得演出收入3万元；当月还为某公司拍广告，又取得收入1.5万元。那么，核算该演员应纳税款时，具体如下：

①在BJ市的演出收入。

应纳税所得额＝3×（1−20%）＝2.4（万元）

应纳所得税额＝2.4×20%＝0.48（万元）

②广告收入。

应纳税所得额＝1.5×（1−20%）＝1.2（万元）

应纳所得税额＝1.2×20%＝0.24（万元）

所以，该演员当月共缴纳个人所得税额为：

4800＋2400＝7200（元）

（5）稿酬所得。

这是指个人因其作品以图书、报纸形式出版、发表而取得的所得。这里所说的“作品”，是指包括中外文字、图片、乐谱等能以图书、报刊方式出版、发表的作品；“个人作品”，包括本人的著作、翻译的作品等。个人取得遗作稿酬，应按稿酬所得项目计税。

在核算稿酬收入的所得税时，具体如下：

对于每次收入不足4000元的，适用以下计算公式：

应纳税额＝应纳税所得额×适用税率×（1−30%）
＝（每次收入额−800元）×20%×（1−30%）

对于每次收入在4000元以上的，适用以下计算公式：

应纳税额＝应纳税所得额×适用税率×（1−30%）
＝每次收入额×（1−20%）×20%×（1−30%）

我们接下来通过一个案例，了解在获取稿酬时，怎样核算个人所得税。

案例

有位作家获得一部书的稿酬收入2万元，那么，该作家应纳个人所得税如下：

应纳税额＝应纳税所得额×适用税率×（1−30%）

＝20000×（1−20%）×20%×（1−30%）

＝2240（元）

（6）特许权使用费所得。

这是指个人提供专利权、著作权、商标权、非专利技术以及其他特许权的使用权取得的所得。提供著作权的使用权取得的所得，不包括稿酬所得。作者将自己的文字作品手稿原件或复印件公开拍卖（竞价）取得的所得，应按特许权使用费所得项目计税。

（7）利息、股息、红利所得。

这是指个人拥有债权、股权而取得的利息、股息、红利所得。其中，利息是指个人的存款利息（我国已从2008年10月9日取消利息税）、货款利息和购买各种债券的利息；股息，也称股利，是指股票持有人根据股份制公司章程规定，凭股票定期从股份公司取得的投资利益；红利，也称公司（企业）分红，是指股份公司或企业根据应分配的利润按股份分配超过股息部分的利润。股份制企业以股票形式向股东个人支付股息、红利即派发红股，应以派发的股票面额为收入额计税。

（8）财产租赁所得。

这是指个人出租建筑物、土地使用权、机器设备车船以及其他财产取得的所得。其中，财产包括动产和不动产。

（9）财产转让所得。

这是指个人转让有价证券、股权、建筑物、土地使用权、机器设备、车船以及其他自有财产给他人或单位而取得的所得，包括转让不动产和动产而取得的所得。我国对个人股票买卖取得的所得暂不征税。

（10）偶然所得。

这是指个人取得的所得是非经常性的，属于各种机遇性所得，包括得奖、中奖、中彩以及其他偶然性质的所得（含奖金、实物和有价证券）。其中，个人购买社会福利有奖募捐奖券、中国体育彩票，一次中奖收入不超过1万元的，免征个人所得税；超过1万元的，应以全额按偶然所得项目计税（我国现适用20%的税率）。

除了上述10种应税项目外，按照税法规定，还有些项目属于个人所得税的征税范围，如个人为单位或者他人提供担保而获得的报酬、辞职风险金等。

我国对于个人所得税还规定了若干减免政策，具体有：

（1）免征额。

在这里，我们需要了解的是，“免征额”与“起征点”存在一定差别。其中，“起征点”是征税对象达到征税数额开始征税的界限，若征税对象的数额未达到起征点时不征税，一旦征税对象的数额达到或超过起征点时，则要就其全部的数额征税，而不是仅对其超过起征点的部分征税。

因此，与起征点不同的是，免征额是在征税对象总额中免予征税的数额，它是按照一定标准从征税对象总额中预先减除的数额。也可以说，免征额部分不征税，只对超过免征额的部分征税。我国个人所得税中的免征额为3500元，只对超出3500元的部分进行征税。

（2）减免项目。

个人所得税的减免税政策主要有以下11方面：

①省级人民政府、国务院部委和中国人民解放军军以上单位，以及外国组织、国际组织颁发的科学、教育、技术、文化、卫生、体育、环境保护等方面的奖金，免征个人所得税。

②乡、镇以上（含乡、镇）人民政府或经县以上（含县）人民政府主管部门批准成立的有机构、有章程的见义勇为基金会或类似组织，奖励见义勇为者的奖金或者奖品，经主管税务机关批准，免征个人所得税。

③个人持有财政部发行的债券和经国务院批准发行的金融债券的利息，免

征个人所得税。

④对个人取得的教育储蓄利息所得以及财政部门确定的其他专项储蓄存款或者储蓄性专项基金存款的利息所得，免征个人所得税。

⑤按照国务院规定发给的政府特殊津贴和国务院规定免税的补贴、津贴，免征个人所得税。

⑥福利费，即由于某些特定事件或原因而给职工或其家庭的正常生活造成一定困难，企业、事业单位、国家机关、社会团体从其根据国家有关规定提留的福利费或者工会经费中支付给职工的临时性生活困难补助，免征个人所得税。

⑦抚恤金、救济金（指民政部门支付给个人的生活困难补助），免征个人所得税。

⑧保险公司支付的保险赔款，免征个人所得税。

⑨军人的转业费、复员费，免征个人所得税。

⑩按照国家统一规定发给干部、职工的安家费、退职费、退休费、离休工资、离休生活补助费，免征个人所得税。

⑪我国政府参加的国际公约、签订的协议中规定免税的所得，免征个人所得税。

除上述项目免征个人所得税以外，对于在征用土地过程中征地单位支付给土地承包人的青苗补偿费收入，暂免征收个人所得税；对于个人转让上市公司股票取得的所得暂免征收个人所得税等。

我们在进行个人所得税的会计处理时，对于不同情况的个人所得税，可参照如下方式进行会计分录：

（1）对于工资、薪金应纳的个人所得税税款，用人单位在代扣时，可做如下会计分录：

借：应付职工薪酬

　贷：应交税费——应交个人所得税

用人单位在代缴员工的个人所得税时，可做如下会计分录：

借：应交税费——应交个人所得税

贷：银行存款

（2）个体工商户在取得生产经营所得，按规定统计个人所得税时，作如下会计分录：

借：所得税费用

贷：应交税费——应交个人所得税

个体工商户在缴纳个人所得税时，应作如下会计分录：

借：应交税费——应交个人所得税

贷：银行存款

（3）对企事业单位的承包经营、承租经营的所得代扣个人所得税时，作如下会计分录：

借：应付利润

贷：应交税费——应交代扣个人所得税

在实际上交代扣税款时，作如下会计分录：

借：应交税费——应交代扣个人所得税

贷：银行存款

（4）对于企业支付劳务报酬所得，计算应代扣的个人所得税时，可作如下会计分录：

借：管理费用

贷：应交税费——应交代扣个人所得税

在实际缴纳税款时，可做如下会计分录：

借：应交税费——应交代扣个人所得税

贷：银行存款

（5）对于企业支付稿酬所得，计算应代扣的个人所得税时，可作如下会计分录：

借：其他应付款

贷：应交税费——应交代扣个人所得税

在实际缴纳税款时，可作如下会计分录：

借：应交税费——应交代扣个人所得税

贷：银行存款

（6）企业购入无形资产，计算应代扣的个人所得税时，可作如下会计分录：

借：无形资产

贷：应交税费——应交代扣个人所得税

在实际缴纳税款时，可作会计分录如下：

借：应交税费——应交代扣个人所得税

贷：银行存款

（7）企业向个人分配股息、利润，计算应代扣的个人所得税时，可作如下会计分录：

借：应付利润

贷：应交税费——应交代扣个人所得税

在实际缴纳税款时，可作如下会计分录：

借：应交税费——应交代扣个人所得税

贷：银行存款

8.2 消费税会计

所谓消费税，顾名思义，是以消费品的流转额作为课税对象的一种税。消费税在对货物普遍征收增值税的基础上，选择少数消费品予以再征收的一个税种。我国现行消费税的征收范围包括：烟，酒及酒精，鞭炮，焰火，化妆品，成品油，贵重首饰及珠宝玉石，高尔夫球及球具，高档手表，游艇，木制一次性筷子，实木地板，汽车轮胎，摩托车，小汽车等。

消费税的纳税人，是我国境内生产、委托加工、零售和进口《消费税暂行条例》规定的应税消费品的单位和个人。因此，也可以说，消费税是对在我国境内从事生产和进口税法规定的应税消费品的单位和个人征收的一种流转税，是对特定的消费品和消费行为在特定环节征收的一种间接税，属于一种价内税，构成价格的组成部分。比如，我国对化妆品征收消费税，那么，这笔税费构成化妆品价格的一部分，最终由消费者来承担。

由此可见，消费税具备这些特点：征税项目具有选择性，即消费税以税法规定的特定产品为征税对象，体现出国家的税收调节作用；消费税实行从价定率、从量定额以及从价从量复合计征三种征税方法。

其中，实行从价定率方法的计算公式为：

应纳税额 = 销售额 × 适用税率

实行从量定额方法的计算公式为：

应纳税额=销售数量×单位税额

对于复合计征的征税方法，则是对上述两种方法的复合使用。那么，消费税的相应税率是多少呢？这要根据消费税不同的税目来定。

我国对消费税的征收范围包括了5种类型的产品，不同类型的产品所适用的税率会有所不同。这5类产品分别是：

（1）一些过度消费会对人类健康、社会秩序、生态环境等造成危害的特殊消费品，如烟、酒、鞭炮、焰火等。

（2）奢侈品、非生活必需品，如贵重首饰、化妆品等。

（3）高能耗及高档消费品，如小轿车、摩托车等。

（4）不可再生和替代的石油类消费品，如汽油、柴油等。

（5）具有一定财政税收意义的产品，如汽车轮胎、护肤护发品等。

以这5类产品为基础，我国消费税共设置了14个税目，在一些税目下面又设置了若干子目。在税率具体规定上，采用了比例税率和定额税率（即单位税额）。在消费税的适用税率中，共有13个档次，最低的为3%，最高的约56%。

在税率选择上，对于一些供求基本平衡、价格差异不大的商品，如黄酒、啤酒、成品油等，征以计税简单的定额税率；对一些供求悬殊、计量单位不规范的消费品，如烟、白酒、化妆品、护肤护发品、鞭炮、汽车轮胎、贵重首饰及珠宝玉石等，选择税价联动的比例税率。一般情况下，对一种消费品只选择一种税率形式，但有时对于一些比较特殊的商品，如卷烟、白酒，采用定额税率和比例税率的双重征收形式。

在计税方法上，除了我们上面所述的“从价定率”和“从量定额”方法外，还有以下方法：

（1）自产自用应税消费品。

其中，用于连续生产应税消费品的，不纳税；若用于其他方面，则有同类消费品销售价格的，按照纳税人生产的同类消费品销售价格计算纳税；没有同类消费品销售价格的，按组成计税价格计算纳税。相应的计税公式为：

组成计税价格 =（成本 + 利润）÷（1-消费税税率）
应纳税额 = 组成计税价格 × 适用税率

（2）委托加工应税消费品的，由受托方交货时代扣代缴消费税。

按照受托方的同类消费品的销售价格计算纳税；没有同类消费品销售价格的，按组成计税价格计算纳税。

组成计税价格 =（材料成本 + 加工费）÷（1-消费税税率）
应纳税额 = 组成计税价格 × 适用税率

（3）进口应税消费品，按照组成计税价格计算纳税。

组成计税价格 =（关税完税价格 + 关税）÷（1-消费税税率）
应纳税额 = 组成计税价格 × 消费税税率

（4）零售金银首饰的纳税人在计税时，应将含税的销售额换算为不含增值税税额的销售额。

金银首饰的应税销售额 = 含增值税的销售额 ÷（1 + 增值税税率或征收率）
组成计税价格 = 购进原价 ×（1 + 利润率）÷（1-金银首饰消费税税率）
应纳税额 = 组成计税价格 × 金银首饰消费税税率

（5）对于生产、批发、零售单位用于馈赠、赞助、集资、广告、样品、职工福利、奖励等方面或未分别核算销售的，按照组成计税价格计算纳税。

由于消费税是一种价内税，我们来看消费税产品的哪些环节进行缴税。

（1）生产环节。

纳税人生产的应税消费品，由生产者在销售时纳税。其中，自产自用的、用于本企业连续生产应税消费品的不纳税；用于其他方面的，在移送使用时纳税。

对于委托加工的应税消费品，由受托方在向委托方交货时代扣代缴。如果受托方是个体经营者，委托方需在收回加工应税消费品后，向所在地主管税务机关缴纳消费税。

（2）进口环节。

纳税人进口的应税消费品，由进口报关者在报关进口时纳税。

（3）零售环节。

金银首饰消费税由零售者在零售环节缴纳。

（4）批发环节。

在批发环节征收的消费税仅限于卷烟，而且是加征的一道消费税，适用税率为5%。

在消费税的会计处理上，与其他税务相似，一般包括两部分，即应交消费税额的会计处理和实际交纳消费税额的会计处理。

比如，公司生产的应税消费品，在销售时，主要用于换取生产资料、消费资料及抵偿债务、支付代购手续费等方面的，应借记“营业税金及附加”账户，贷记“应交税费——应交消费税”账户。若发生销货退回时，则做相反的会计分录。

案例

A橡胶厂销售汽车轮胎，应纳消费税额为5万元，这时，A橡胶厂应作如下会计分录：

借：营业税金及附加5万元

贷：应交税费——应交消费税5万元

若A橡胶厂用汽车轮胎换取某进出口公司的生产设备，应纳税额仍为5万元，此时，应作如下会计分录：

借：固定资产5万元

　贷：应交税费——应交消费税5万元

假如企业的应税消费品用于投资且按规定需要交纳消费税，那么会计处理为：

借：长期股权投资

　贷：应交税费——应交消费税

如果企业生产的应税消费品用于公司在建工程、非生产机构等，那么，借记“固定资产”、“在建工程”、“营业外支出”、“销售费用”等账户，贷记“应交税费——应交消费税”账户。

案例

G公司将自产的乘用车留厂自用，该车销售价8万元，适用消费税税率9%；同时，G公司还将自产的20个汽车轮胎用于企业更新工程，已知该轮胎每个售价1800元，适用消费税税率10%。这样的话，G公司两次应纳消费税分别为7200元和3600元。会计分录如下：

借：固定资产7200元

　　在建工程3600元

　贷：应交税费——应交消费税10800元

8.3 关税会计

所谓关税，是指一国海关根据该国法律规定，对通过其关境的进出口货物课征的一种税。一般来说，关税属于一国最高行政单位指定税率的高级税种，对于一些对外贸易发达的国家而言，关税往往是国家税收乃至国家财政的主要收入。

关税的征税基础是关税完税价格。其中，关税完税价格即为进口货物以海关审定的成交价值为基础的到岸价格；对于出口货物而言，以该货物的离岸价格减去出口税后，经过海关审查确定的价格为完税价格。

另外，关税的一般计算公式为：

应纳税额＝关税完税价格×适用税率

在征收方法上，主要有这样4种方法：

（1）从价关税。

依照进出口货物的价格作为标准来征收关税。这种方法下，对应的计算公式为：

从价税额＝商品总价×从价税率

（2）从量关税。

依照进出口货物数量的计量单位（如“吨”、“箱”、“百个”等）征收定量关税。其对应的计算公式为：

从量税额 = 商品数量 × 每单位从量税

（3）混合关税。

依各种需要对进出口货物进行从价、从量的混合征税。也就是说，对同一种货物，若税法中规定有从量、从价两种征税方式，则既可以选择其中征税额较多的一种关税，也可选择税额较少的一种为计税标准来计征。

（4）滑动关税。

这是指关税税率随着进口商品价格由高到低而进行由低到高设置关税的征税方法，这种方法可以在一定程度上起到稳定进口商品价格的作用。

此外，我们根据商品的去向，还可以把关税分为进口税、出口税和过境税。其中，进口税是进口国家的海关在外国商品输入时，对本国进口商所征收的正常关税；出口税，是对本国出口的货物在运出国境时征收的一种关税。一般来说，征收出口关税会增加出口货物的成本，不利于本国货物在国际市场的竞争，因此，我国长时间实行“出口退税”政策；过境税，是一国对于通过其关境的外国商品征收的关税。

在关税税率的选择上，由于征税产品种类不同，所以税率也会有较大的不同。另外，关税税率还可以分为最惠国税率与普通税率。所谓最惠国税率，指适用于与该国签订有最惠国待遇协议的国家或地区所进口的商品；普通税率，即适用于与该国没有签订这种贸易协定的国家或地区所进口的商品。

由于关税涉及的征税范围包括的物品很多，所以税率也有很多，不同税率间的差额也很大。因此，税务会计在处理涉及关税的事务时，需要仔细查看关税税率表。

在关税的征收方式上，通常是由接受按进（出）口货物正式进（出）口的通关手续申报的海关，逐票计算应征关税并填发关税缴款书，然后，由纳税人凭此关税缴款书向海关或指定的银行办理税款交付或转账付款手续，接着，纳税人凭银行回执联出示给海关，由海关办理结关放行手续。采用这种“征税手续在前，结关放行手续在后”的方法，有利于税款及时入库，防止拖欠税款。因此，各国海关大都以这种方式作为关税的基本纳税方式。

另外，关税还有滞纳金方面的规定。所谓关税滞纳金，是指在关税缴纳期限内，未履行缴纳关税义务的纳税人，被海关课以应纳税额一定比例的货币的行政行为。滞纳金自关税缴纳期限届满之日起，至纳税人缴纳关税之日止，按纳税款5‱的比例按日征收，周末或法定节假日不予扣除。其计算公式为：

关税滞纳金金额 = 滞纳关税税额 × 滞纳金征收比率 × 滞纳天数

在关税方面，我国还规定了一些优惠措施，比如，我国对一些相关项目规定免征关税，具体如下：

（1）对于关税税额在人民币50元以下的单一货物，免征关税。

（2）对于无商业价值的广告品和货样，免征关税。

（3）对于国际组织、外国政府无偿赠送的物资，免征关税。

（4）对于进出境运输工具装载途中必需的燃料、物料和饮食用品，免征关税。

（5）对于来料加工进口的材料、零件、配件等复出口的，免征关税。

（6）经海关核准暂时进境或出境，并在6个月内复运进境或出境的展览品、施工机械、仪器等，暂免征税。

（7）因故退还的中国出口货物，可以免征进口关税，但已征收的出口关税，不予退还。

（8）因故退还的境外进口货物，可以免征出口关税，但已征收的进口关税，不予退还。

我们接下来看怎样对关税进行会计处理。

一般来说，企业应当在“应交税费”科目下设置“应交进口关税”和“应交出口关税”两个明细科目，分别用来核算企业发生的和实际缴纳的进出口关税。其中，“贷方”反映企业在进出口报关时经海关核准应缴纳的进出口关税，“借方”反映企业实际缴纳的进出口关税，余额在“贷方”反映企业应缴而未缴的进出口关税。

对于进口关税，应当计入进口货物的成本；而对于出口关税，通常应当计入企业的营业税金。我们在这里重点了解进口关税的会计处理。

我们平时听说的进口业务，主要包括自营进口和代理进口两种情况。我们看在不同的进口方式下，怎样进行关税会计处理。

（1）自营进口。

根据我国现行会计准则规定，进口关税构成进口商品的采购成本。所以，企业在计算应缴纳进口关税时，应借记“商品采购”（商品流通企业）、“材料采购”（工业企业）等科目，贷记“应交税费——应交进口关税”科目；企业交纳进口关税时，借记“应交税费——应交进口关税”科目，贷记“银行存款”科目。

案例

腾飞公司2014年4月报关进口货物一批。该批货物离岸价格为37万美元，支付国外运费2.25万美元，保险费7500美元；该批货物适用我国关税体系中的30%税率。进口报关当日，美元对人民币的市场汇率为1：6.21。所以，该批货物报关时，应纳关税为：

（37＋2.25＋0.75）×6.21×30%＝74.52（万元人民币）

腾飞公司在计算应缴纳关税税额时，应作会计分录如下：

借：材料采购74.52万元

　贷：应交税费——应交进口关税74.52万元

以“银行存款”方式交纳进口关税时，作会计分录如下：

借：应交税费——应交进口关税74.52万元

　贷：银行存款74.52万元

（2）代理进口。

通常情况下，代理进口业务一般由外贸企业代理委托单位承办。外贸企业对其代理的进口业务并不承担盈亏义务，而只是收取一定的手续费。

所以，对于代理进口业务发生的进口关税，先由外贸企业代缴，然后再向委托单位收取相关费用。外贸企业在代理进口业务中计算应缴纳的进口关税时，应借记“应收账款”科目，贷记“应交税费——应交进口关税”科目；在实际缴纳时，借记“应交税费——应交进口关税”科目，贷记“银行存款”科目。

委托单位实际向外贸企业支付进口关税时，借记“材料采购”、“物资采购”、“固定资产”等科目，贷记“应付账款”等科目。

案例

辉煌公司委托哥伦布进出口贸易公司代理进口材料一批，辉煌公司先付定金480万元。该批材料实际支付离岸价为48万美元，海外运输费、包装费、保险费共计2万美元，进口报关当日，美元与人民币的市场汇率为1∶6.21，进口关税税率为20%，增值税税率为17%。那么，相关会计处理如下：

对于哥伦布公司来说，收到预付款时，应作如下会计分录：

借：银行存款480万元

　贷：预收账款——辉煌公司480万元

在进口货物时，实际向国外支付货款和运输费、包装费和保险费为310.5万元人民币[（48+2）×6.21]，于是作如下会计分录：

借：预付账款——辉煌公司310.5万元

　贷：银行存款310.5万元

进口报关时，应纳税额为：

应纳进口关税＝310.5×20%＝62.1（万元）

应纳增值税＝（310.5＋62.1）×17%＝63.342（万元）

这时，哥伦布公司应作如下会计分录：

借：预收账款——辉煌公司169.5万元

应收账款——辉煌公司-44.058万元

贷：应交税费——应交进口关税62.1万元

应交税费——应交增值税63.342万元

哥伦布公司在实际缴纳税款时，应作如下会计分录：

借：应交税费——应交进口关税62.1万元

应交税费——应交增值税63.342万元

贷：银行存款125.442万元

哥伦布公司按规定向辉煌公司收取商品全部进价10%的代理手续费，该代理手续费数额为：

（310.5＋125.442）×10%＝43.5942（万元）

那么，哥伦布公司应作如下会计分录：

借：应收账款——辉煌公司43.5942万元

贷：其他业务收入43.5942万元

哥伦布公司在实际收到辉煌公司付来的其余款项时，作如下会计分录：

借：银行存款-4638元（44.058万元－43.5942万元＝0.4638万元）

贷：应收账款——辉煌公司-4638元

以上是哥伦布公司对账务作的会计处理。下面看辉煌公司怎样进行会计处理。

对于辉煌公司来说，在预付给哥伦布公司定金时，应作如下会计分录：

借：预付账款——哥伦布公司480万元

贷：银行存款480万元

辉煌公司在实际收到哥伦布公司报来的账单时，作如下会计分录：

借：材料采购416.1942万元

应交税费——应交增值税（进项税额）63.342万元

贷：预付账款——哥伦布公司479.5362万元

辉煌公司在实际支付其余款项时，作如下会计分录：

借：预付账款——哥伦布公司-4638元

贷：银行存款-4638元

8.4 资源税会计

资源税是以各种应税自然资源为课税对象，为了调节资源级差收入、并体现国有资源有偿使用而征收的一种税。资源税在征收上体现着“普遍征收，级差调节”的政策，即所有开采者开采的所有应税资源，都应缴纳资源税；同时，开采中、优等资源的纳税人，还需相应多缴纳一部分资源税。

那么，资源税的征收范围包括哪些呢？我国现行资源税的征收范围，主要包括矿产品和盐两大类，具体如下：

（1）原油，指专门开采的天然原油，不包括人造石油。

（2）天然气，指专门开采或与原油同时开采的天然气，暂不包括煤矿生产的天然气。海上石油、天然气也应属于资源税的征收范围，但考虑到海上油气资源的勘探和开采难度大、投入和风险也大，过去一直按照国际惯例对其征收矿区使用费，为了保持涉外经济政策的稳定性，现在对海上石油、天然气的开采仍然征收矿区使用费，暂不改征资源税。

（3）煤炭，指原煤，不包括洗煤、选煤及其他煤炭制品。

（4）其他非金属矿原矿，是指上述产品和井矿盐以外的非金属矿原矿。

（5）黑色金属矿原矿，是指纳税人开采后自用、销售的，用于直接入炉冶炼或作为主产品先入选精矿、制造人工矿、再最终入炉冶炼的金属矿石原矿。

（6）有色金属矿原矿，是指纳税人开采后自用、销售的，用于直接入炉冶炼或作为主产品先入选精矿、制造人工矿、再最终入炉冶炼的金属矿石原矿。

（7）盐，包括固体盐和液体盐。固体盐是指海盐原盐、湖盐原盐和井矿盐；液体盐（俗称卤水），是指氯化钠的含量达到一定浓度，并用于生产碱和其他产品的原料。

根据上述对资源税征收范围的了解，我们可以将资源税的课税对象进一步细化，分为不同的税目。总体来说，资源税包括7个大的税目：原油、天然气、煤炭、其他非金属矿原矿、黑色金属矿原矿、有色金属矿原矿和盐。

我们接下来再看资源税的税率。我国现行资源税税率采用定额税率，又称为单位税额。一般情况下，资源税的税额基本上按应税产品的资源等级，并兼顾企业的负担能力来确定。对于资源等级如何划分，主要是组织行业专家按照不同矿山或矿区的资源储存及开采条件、选矿条件、资源自身的优劣及稀缺性、地理位置等多项经济、技术因素来综合确定的。

总体来说，我国现行资源税税目的税额幅度，具体规定如下：

（1）原油，税额为8.00～30.00元/吨；

（2）天然气，税额为2.00～15.00元/吨；

（3）煤炭，税额为0.30～5.00元/吨；

（4）其他非金属矿原矿，税额为0.50～20.00元/吨；

（5）黑色金属矿原矿，税额为2.00～30.00元/吨；

（6）有色金属矿原矿，税额为0.40～30.00元/吨；

（7）盐类。其中，固体盐，税额为10.00～60.00元/吨；液体盐，税额为2.00～10.00元/吨。

我们接下来再了解资源税的计税依据。现行资源税的计税依据，是指纳税人应税产品的销售数量和自用数量。具体来说，纳税人开采或者生产应税产品销售的，以销售数量为课税数量；纳税人开采或者生产应税产品自用的，以自用数量为课税数量。

此外，我国还对一些比较特殊的情况作了以下具体规定：

（1）纳税人不能准确提供应税产品销售数量或移送使用数量的，以应税产品的产量或主管税务机关确定的折算比而换算成的数量为课税数量。

（2）原油中的稠油、高凝油与稀油划分不清或不易划分的，一律按原油的数量课税。

（3）煤炭，对于连续加工前无法正确计算原煤移送使用量的，可按加工产品的综合回收率，将加工产品实行销售量和自用量折算成原煤数量作为课税数量。

（4）金属和非金属矿产品原矿，因无法准确掌握纳税人移送使用原矿数量的，可将其精矿按选矿比折算成原矿数量作为课税数量。

（5）纳税人以自产自用的液体盐加工固体盐，则按固体盐税额征税，并以加工的固体盐的数量为课税数量；纳税人以外购的液体盐加工固体盐，其加工固体盐所耗用液体盐的已纳税额准予抵扣。另外，为确保对盐征收资源税的不重不漏，根据现行税法有关规定，可按如下不同情况分别确定盐的课税数量：

①纳税人生产并销售液体盐的，以液体盐的销量为课税数量。

②纳税人以其生产的液体盐连续加工碱等产品（固体盐除外）销售或自用的，以液体盐的移送使用数量为课税数量；如果没有液体盐移送使用量记录或记录不清、不准的，应将加工的碱等产品按单位耗盐系数折算为液体盐的数量作为课税数量。

③纳税人以其生产的液体盐再加工为固体盐销售或自用，以固体盐的数量为课税数量（液体盐不再征税）；纳税人以外购液体盐加工固体盐销售或自用，以固体盐的数量为课税数量，但在计算固体盐应纳税额时，液体盐的已纳税额可从中抵扣。

④纳税人利用盐资源直接生产海盐原盐、湖盐原盐、井矿盐等固体盐销售或自用，以固体盐的销售或自产自用量为课税数量；以上述固体盐连续加工粉洗盐、粉精盐、精制盐等再制盐或者用于连续加工酸碱、制革等产品，应按单位加工产品（再制盐、碱等）耗盐系数折算为固体盐的数量为课税数量。

那么，资源税的应纳税额该怎么计算呢？一般遵循以下计算公式：

应纳税额＝课税数量×单位税额

举例来说，某煤矿在一个纳税期内共生产销售洗煤1万吨，自产自用洗煤0.2万吨。已知其洗煤的综合回收率为75%，其原煤的规定税额为2元/吨，则该煤矿在这一纳税期内应纳的资源税额为：

[（1+0.2）÷75%]×2=3.2（万元）

也就是说，该煤矿需要缴纳资源税3.2万元。

资源税的纳税环节，一般会产生在什么阶段呢？根据我国税法的规定，现行资源税的纳税环节，主要产生在这些方面：

（1）纳税人对外销售应税产品的，其纳税环节在出场（厂）销售环节；

（2）纳税人自产自用应税产品用于连续生产以及生活福利、基建等方面的，其纳税环节在移送使用环节；

（3）扣缴义务人代扣代缴资源税的环节，在其收购未纳税矿产品的环节；

（4）盐的资源税一律在出场（厂）环节由生产者缴纳。

在资源税的纳税期限上，由主管税务机关根据纳税人应纳税额的大小等实际情况，分别核定为1日、3日、5日、10日、15日或者1个月。以1个月为一期纳税的，自期满之日起10日内申报纳税；以1日、3日、5日、10日、15日为一期纳税的，自期满之日起5日内预缴税款，于次月1日起10日内申报纳税并结清上月税款。纳税人不能按固定期限纳税的，经核准可以按次纳税。

对于扣缴义务人解缴税款的期限，则比照上述对纳税人的规定来执行。

我国对资源税还规定了若干减征或免征的措施，根据现行《资源税暂行条例》的规定，纳税人有下列情形之一的，可以减征或免征资源税：

（1）纳税人开采原油过程中用于加热、修井的原油，免税。

（2）纳税人开采或者生产应税产品过程中，因意外事故或者自然灾害等原因遭受重大损失的，由省、自治区、直辖市人民政府酌情决定减税或者免税。

（3）国务院规定的其他减税免税项目。比如说，对独立铁矿山、有色金属矿山分别减按规定税额的40%和70%征收，以及对北方海盐每吨资源税额减征5元等。

我们接下来看怎样对资源税进行会计处理。

纳税人在计算和缴纳资源税时，可分为如下几种情况：

（1）企业销售应税产品应纳资源税的账务处理。

当企业计算出销售的应税产品应缴纳的资源税时，借记“产品销售税金及附加”科目，贷记“应交税金——应交资源税”科目；在实际缴纳资源税时，借记“应交税金——应交资源税”科目，贷记“银行存款”科目。

案例

A煤矿本月对外销售原煤120万吨，该煤矿所采原煤的资源税单位税额为0.8元/吨，应纳资源税为：

120×0.8＝96（万元）

那么，相关的会计处理为：

借：产品销售税金及附加96万元

　贷：应交税金——应交资源税96万元

（2）企业自产自用应纳资源税的账务处理。

在企业计算出自产自用的应税产品应缴纳的资源税时，借记“生产成本”、“制造费用”等科目，贷记“应交税金——应交资源税”科目；在实际缴纳资源税时，借记“应交税金——应交资源税”科目，贷记“银行存款”科目。

案例

北方地区的B盐场在2014年4月将原盐碱1250吨加工成精盐1000吨；根据税法规定，企业自用原盐的单位税额为25元/吨。那么，该盐场应缴纳的资源税为：

1250×25＝31250（元）

该盐场可以作相应的会计账务处理如下：

借：生产成本31250元

　贷：应交税金——应交资源税31250元

（3）企业收购未纳税矿产品时应缴纳资源税的账务处理。

企业在收购未纳税矿产品时，按照实际支付的收购款，借记“材料采购”等科目，贷记“银行存款”等科目，若代扣代缴资源税，则借记“材料采购”等科目，贷记“应交税金——应交资源税”科目；在缴纳资源税时，借记“应交税金——应交资源税”科目，贷记“银行存款”科目。

案例

C炼铁厂收购D铁矿开采厂的铁矿石10000吨，每吨收购价为125元（其中资源税25元），购进价总计125万元，增值税进项税额21.25元，价税合计146.25万元，C炼铁厂代扣代缴资源税款后，用银行存款支付收购款。

那么，相关会计账务处理为：

借：材料采购125万元

　　应交税金——应交增值税（进项税额）21.25万元

　贷：银行存款121.25万元

　　　应交税金——应交资源税25万元

（4）企业外购液体盐并加工成固体盐时，应纳资源税的账务处理。

企业在购入液体盐时，按所允许抵扣的资源税，借记“应交税金——应交资源税”科目，按外购价款扣除允许抵扣资源税后的数额，借记“材料采购”等科目，按应付的全部价款，贷记“银行存款”、“应付账款”等科目；加工成固体盐后，在销售时，按计算出的销售固体盐应缴的资源税，借记“产品销售税金及附加”科目，贷记“应交税金——应交资源税”科目；将销售固体盐应纳资源税扣抵液体盐已纳资源税后的差额上缴时，借记“应交税金——应交资源税”科目，贷记“银行存款”科目。

案例

E盐厂在2014年4月外购液体盐2000吨，每吨含增值税价款58.5元，液体盐资源税税额为3元/吨，该盐厂将全部液体盐加工成固体盐500吨，每吨含增值税，售价为468元，固体盐适用资源税税额为25元/吨。那么，E盐厂会计处理如下：

在购入液体盐时，总价款为：

$2000 \times 58.5 = 117000$（元）

应交增值税为：

$2000 \times 58.5 \div 1.17 \times 17\% = 17000$（元）

应交资源税为：

2000×3＝6000（元）

液体盐的不含税采购费用为：

117000－17000－6000＝94000（元）

那么，相应的会计分录为：

借：材料采购94000元

　　应交税金——应交资源税6000元

　　应交税金——应交增值税（进项税额）17000元

　贷：银行存款117000元

E盐厂在将液体盐验收入库时，相应的会计分录如下：

借：原材料——液体盐94000元

　贷：材料采购94000元

E盐厂在销售固体盐时，相应的会计分录如下：

借：银行存款234000元

　贷：材料采购200000元

　　　应交税金——应交增值税（销项税额）34000元

E盐厂在计提固体盐应缴的资源税时，相应的会计分录如下：

借：产品销售税金及附加12500元

　贷：应交税金——应交资源税12500元

那么，E盐厂在本月应纳资源税为：

12500－6000＝6500（元）

相应的会计分录为：

借：应交税金——应交资源税6500元

　贷：银行存款6500元

8.5 城市维护建设税及教育费附加会计

城市维护建设税及教育费附加，实则包括两种税费，一种是城市维护建设税（简称“城建税”），另一种是教育费附加。城建税和教育费附加均属于附加税，因而企业在计算税费时，常将两者加到一起。

所谓城建税，是我国为了加强城市的维护建设，扩大和稳定城市维护建设资金的来源，从而对有经营收入的单位和个人征收的一种税。城建税的性质主要包括以下几点：

（1）附加税、间接税。

也就是说，城建税没有独立的征税对象或税基，而是以增值税、消费税、营业税这三种流转税的实际缴纳的数额之和为计税依据。因此，城建税从本质上来说，是一种附加税，还具有间接税的性质。由于增值税、消费税和营业税用途广泛，所以城建税作为其附加税种，也具有相当广泛的征税范围。

（2）地方税、专项税。

城建税主要用于保证城市的公共事业和公共设施的维护与建设，正如《城建税暂行条例》第六条规定：“城建税应当保证用于城市的公用事业和公共设施的维护建设，具体安排由地方人民政府确定。”可见，城建税是一种具有专款专用性质的地方税。

（3）环境税、受益税。

随着经济的发展，尤其是资源被不断地开发，环境质量面临严峻挑战，比如地面塌陷、地下水系遭受破坏、空气中的粉尘和扬尘污染、污水排放等，使得沦为“生态灾民”的居民越来越多。在这种情况下，城建税用于维护城市公用的基础设施，不仅有助于改善环境，还可以使广大居民受益。

我国城建税实行地区差别税率，按照纳税人所在地的不同，税率分别规定为7%、5%、1%三个档次，不同地区的纳税人实行不同档次的税率。具体规定为：

（1）纳税人所在地在市区的，税率为7%；

（2）纳税人所在地在县城、镇的，税率为5%；

（3）纳税人所在地不在市区、县城或镇的，税率为1%。

另外，我国还对相关项目进行了减免城建税的优惠措施，比如，海关对进口产品代征的流转税，免征城建税；对中外合资企业和外资企业暂不征收城建税等。

我们再来了解教育费附加。所谓教育费附加，是对缴纳增值税、消费税、营业税的单位和个人征收的一种附加费；征收教育费附加的目的在于，发展地方性教育事业，扩大地方教育经费的资金来源。可见，教育费附加与城建税一样，均是以增值税、消费税、营业税这三种流转税为税基，因而也具有广泛使用的特点。

我国对教育费附加采用统一的征收率，即3%。其相应的计算公式为：

应纳教育费附加=（实际缴纳的增值税、消费税、营业税三税税额）×3%

另外，各省（区、市）人民政府根据我国《教育法》及《财政部关于统一地方教育附加政策有关问题的通知》（财综〔2010〕98号）的要求，已逐渐在全国范围内开征地方教育费附加。地方教育费附加也统一按增值税、消费税、营业税实际缴纳税额的2%予以征收。

同样，我国对教育费附加也有若干减免的优惠措施，比如，对海关进口的产品征收的增值税、消费税，不征收教育费附加；对下岗失业人员从事个体经营（除建筑业、娱乐业以及广告业、桑拿、按摩、网吧、氧吧外）的，自领取税务登记证之日起，3年内免征教育费附加等。

我们接下来通过案例，了解教育费附加怎样进行会计处理。

案例

Z公司2014年4月缴纳增值税20万元；已知该公司营业地点在市区。那么，应计提的税金为：

城建税：20×7%＝1.4（万元）

教育费附加：20×3%＝0.6（万元）

地方教育费附加：20×2%＝0.4（万元）

相应的会计分录如下：

借：营业税金及附加224000元

　贷：应交税费——应交城建税14000元

　　　应交税费——应交教育费附加6000元

　　　应交税费——应交地方教育费附加4000元

下篇 税务会计高级实操

我们前面了解了流转税、所得税、财产税、行为税等几大税种方面的会计处理，并掌握了这些税务问题上的会计处理方法，可以说，为我们以后具备更高级的税务会计处理能力提供了基础。

在实际工作中，我们还会接触到大量操作性很强的实务，比如说，税务问题与发票紧密相关，那么，作为一名税务会计人员，怎样做好发票管理工作？税务会计人员不仅要对每天产生的税务问题进行分录与处理，通常还需要对企业纳税进行一番筹划，从而使得企业在纳税问题上居于主动地位，而不仅仅是被动纳税，那么，税务会计人员又应该具备怎样的税务筹划能力？

我们接下来会着重解决上述问题，确保您成功晋级高级税务会计人员的行列。

下篇
税务会计高级实操

PART Ⅲ

CHAPTER NINE

第九章 发票与凭据的管理

在税务会计的处理中，发票是一个常见而又重要的概念。可以说，税务会计人员在工作中，常会与发票打交道。当然，在企业的各项业务活动中，会产生很多业务凭据，比如还有收据等。但整体来说，发票将更为普及，发票管理也将更为规范。所以，我们在本章主要了解税务会计人员怎样对发票进行规范管理。

为了规范发票管理，我国还专门进行了相关立法，比如，制定了《发票管理办法》。对于税务会计人员来说，了解《发票管理办法》将对工作非常有益。

9.1 读懂《发票管理办法》

我国现行的《发票管理办法》由国务院公布，于2011年2月1日起施行。《发票管理办法》对发票的印制、领购、开具和保管、检查与罚做出了详细规定，并对发票方面的违法行为，如虚开、伪造、变造、转让发票等违法行为，做出了相关处罚规定。

《发票管理办法》(在此简称《办法》)共包括六章、一个附则。第一章的《总则》，明确规定了适用于该《办法》的对象为"印制、领购、开具、取得、保管、缴销发票的单位和个人"；同时，还对"发票"的概念做出明确规定，即发票"是指在购销商品、提供或者接受服务以及从事其他经营活动中，开具、收取的收付款凭证"。

在管理权限上，《办法》第四条规定："国务院税务主管部门统一负责全国的发票管理工作。省、自治区、直辖市国家税务局和地方税务局依据各自的职责，共同做好本行政区域内的发票管理工作。财政、审计、工商行政管理、公安等有关部门在各自的职责范围内，配合税务机关做好发票管理工作。"

在发票的内容样式方面，《办法》第五条规定："发票的种类、联次、内容以及使用范围由国务院税务主管部门规定。"同时，"对违反发票管理法规的行为，任何单位和个人可以举报。税务机关应当为检举人保密，并酌情给予奖励。"

《办法》的第二章是《发票印制》，其中，第七条规定："增值税专用发票由国务院税务主管部门确定的企业印制；其他发票，按照国务院税务主管部门的规定，由省、自治区、直辖市税务机关确定的企业印制。禁止私自印制、伪造、变造发票。"

同时，《办法》第十条还规定："发票应当套印全国统一发票监制章。全国统一发票监制章的式样和发票版面印刷的要求，由国务院税务主管部门规定。发票监制章由省、自治区、直辖市税务机关制作。禁止伪造发票监制章。发票实行不定期换版制度。"

在发票印制的地点上，《办法》第十四条规定："各省、自治区、直辖市内的单位和个人使用的发票，除增值税专用发票外，应当在本省、自治区、直辖市内印制；确有必要到外省、自治区、直辖市印制的，应当由省、自治区、直辖市税务机关协商印制地省、自治区、直辖市税务机关同意，由印制地省、自治区、直辖市税务机关确定的企业印制。禁止在境外印制发票。"

《办法》第三章规定了《发票领购》，并在第十五条中规定："需要领购发票的单位和个人，应当持税务登记证件、经办人身份证明、按照国务院税务主管部门规定式样制作的发票专用章的印模，向主管税务机关办理发票领购手续。主管税务机关根据领购单位和个人的经营范围和规模，确认领购发票的种类、数量以及领购方式，在5个工作日内发给发票领购簿。单位和个人领购发票时，应当按照税务机关的规定报告发票使用情况，税务机关应当按照规定进行查验。"

另外，《办法》第十八条还对缴销发票做出规定："税务机关对外省、自治区、直辖市来本辖区从事临时经营活动的单位和个人领购发票的，可以要求其提供保证人或者根据所领购发票的票面限额以及数量交纳不超过1万元的保证金，并限期缴销发票。按期缴销发票的，解除保证人的担保义务或者退还保证金；未按期缴销发票的，由保证人或者以保证金承担法律责任。税务机关收取保证金应当开具资金往来结算票据。"

《办法》第四章规定了《发票管理》，其中第十九条规定："销售商品、提供服务以及从事其他经营活动的单位和个人，对外发生经营业务收取款项，收款方应当向付款方开具发票；特殊情况下，由付款方向收款方开具发票。”第二十条规定：“所有单位和从事生产、经营活动的个人在购买商品、接受服务以及从事其他经营活动支付款项，应当向收款方取得发票。取得发票时，不得要求变更品名和金额。”

由于第四章对发票管理做出了一些具体要求，所以，我们下面详看原文：

……

第二十一条

不符合规定的发票，不得作为财务报销凭证，任何单位和个人有权拒收。

第二十二条

开具发票应当按照规定的时限、顺序、栏目，全部联次一次性如实开具，并加盖发票专用章。

任何单位和个人不得有下列虚开发票行为：

（一）为他人、为自己开具与实际经营业务情况不符的发票；

（二）让他人为自己开具与实际经营业务情况不符的发票；

（三）介绍他人开具与实际经营业务情况不符的发票。

第二十三条

安装税控装置的单位和个人，应当按照规定使用税控装置开具发票，并按期向主管税务机关报送开具发票的数据。

使用非税控电子器具开具发票的，应当将非税控电子器具使用的软件程序说明资料报主管税务机关备案，并按照规定保存、报送开具发票的数据。

国家推广使用网络发票管理系统开具发票，具体管理办法由国务院税务主管部门制定。

第二十四条

任何单位和个人应当按照发票管理规定使用发票，不得有下列行为：

（一）转借、转让、介绍他人转让发票、发票监制章和发票防伪专用品；

（二）知道或者应当知道是私自印制、伪造、变造、非法取得或者废止的发票而受让、开具、存放、携带、邮寄、运输；

（三）拆本使用发票；

（四）扩大发票使用范围；

（五）以其他凭证代替发票使用。

税务机关应当提供查询发票真伪的便捷渠道。

第二十五条

除国务院税务主管部门规定的特殊情形外，发票限于领购单位和个人在本省、自治区、直辖市内开具。

省、自治区、直辖市税务机关可以规定跨市、县开具发票的办法。

第二十六条

除国务院税务主管部门规定的特殊情形外，任何单位和个人不得在跨规定的使用区域携带、邮寄、运输空白发票。

禁止携带、邮寄或者运输空白发票出入境。

第二十七条

开具发票的单位和个人应当建立发票使用登记制度，设置发票登记簿，并定期向主管税务机关报告发票使用情况。

第二十八条

开具发票的单位和个人应当在办理变更或者注销税务登记的同时，办理发票和发票领购簿的变更、缴销手续。

第二十九条

开具发票的单位和个人应当按照税务机关的规定存放和保管发票，不得擅自损毁。已经开具的发票存根联和发票登记簿，应当保存5年。保存期满，报经税务机关查验后销毁。

……

《办法》第五章是《发票检查》，主要是税务机关对单位与个人的发票事宜进行相关检查，具体规定如下：

……

第三十条

税务机关在发票管理中有权进行下列检查：

（一）检查印制、领购、开具、取得、保管和缴销发票的情况；

（二）调出发票查验；

（三）查阅、复制与发票有关的凭证、资料；

（四）向当事各方询问与发票有关的问题和情况；

（五）在查处发票案件时，对与案件有关的情况和资料，可以记录、录音、录像、照相和复制。

第三十一条

印制、使用发票的单位和个人，必须接受税务机关依法检查，如实反映情况，提供有关资料，不得拒绝、隐瞒。

税务人员进行检查时，应当出示税务检查证。

第三十二条

税务机关需要将已开具的发票调出查验时，应当向被查验的单位和个人开具发票换票证。发票换票证与所调出查验的发票有同等的效力。被调出查验发票的单位和个人不得拒绝接受。

税务机关需要将空白发票调出查验时，应当开具收据；经查无问题的，应当及时返还。

第三十三条

单位和个人从中国境外取得的与纳税有关的发票或者凭证，税务机关在纳税审查时有疑义的，可以要求其提供境外公证机构或者注册会计师的确认证明，经税务机关审核认可后，方可作为记账核算的凭证。

第三十四条

税务机关在发票检查中需要核对发票存根联与发票联填写情况时，可以向持有发票或者发票存根联的单位发出发票填写情况核对卡，有关单位应当如实填写，按期报回。

……

《办法》第五章是《罚则》，即对违反本《办法》的单位和个人施以相应的处罚，具体规定如下：

……

第三十五条

违反本办法的规定，有下列情形之一的，由税务机关责令改正，可以处1万元以下的罚款；有违法所得的予以没收：

（一）应当开具而未开具发票，或者未按照规定的时限、顺序、栏目，全部联次一次性开具发票，或者未加盖发票专用章的；

（二）使用税控装置开具发票，未按期向主管税务机关报送开具发票的数据的；

（三）使用非税控电子器具开具发票，未将非税控电子器具使用的软件程序说明资料报主管税务机关备案，或者未按照规定保存、报送开具发票的数据的；

（四）拆本使用发票的；

（五）扩大发票使用范围的；

（六）以其他凭证代替发票使用的；

（七）跨规定区域开具发票的；

（八）未按照规定缴销发票的；

（九）未按照规定存放和保管发票的。

第三十六条

跨规定的使用区域携带、邮寄、运输空白发票，以及携带、邮寄或者运输空白发票出入境的，由税务机关责令改正，可以处1万元以下的罚款；情节严重的，处1万元以上3万元以下的罚款；有违法所得的予以没收。

丢失发票或者擅自损毁发票的，依照前款规定处罚。

第三十七条

违反本办法第二十二条第二款的规定虚开发票的，由税务机关没收违法所得；虚开金额在1万元以下的，可以并处5万元以下的罚款；虚开金额超过1万元的，并处5万元以上50万元以下的罚款；构成犯罪的，依法追究刑事责任。

非法代开发票的，依照前款规定处罚。

第三十八条

私自印制、伪造、变造发票，非法制造发票防伪专用品，伪造发票监制章的，由税务机关没收违法所得，没收、销毁作案工具和非法物品，并处1万元以上5万元以下的罚款；情节严重的，并处5万元以上50万元以下的罚款；对印制发票的企业，可以并处吊销发票准印证；构成犯罪的，依法追究刑事责任。

前款规定的处罚，《中华人民共和国税收征收管理法》有规定的，依照其规定执行。

第三十九条

有下列情形之一的，由税务机关处1万元以上5万元以下的罚款；情节严重的，处5万元以上50万元以下的罚款；有违法所得的予以没收：

（一）转借、转让、介绍他人转让发票、发票监制章和发票防伪专用品的；

（二）知道或者应当知道是私自印制、伪造、变造、非法取得或者废止的发票而受让、开具、存放、携带、邮寄、运输的。

第四十条

对违反发票管理规定2次以上或者情节严重的单位和个人，税务机关可以向社会公告。

第四十一条

违反发票管理法规，导致其他单位或者个人未缴、少缴或者骗取税款的，由税务机关没收违法所得，可以并处未缴、少缴或者骗取的税款1倍以下的罚款。

第四十二条

当事人对税务机关的处罚决定不服的，可以依法申请行政复议或者向人民法院提起行政诉讼。

第四十三条

税务人员利用职权之便，故意刁难印制、使用发票的单位和个人，或者有违反发票管理法规行为的，依照国家有关规定给予处分；构成犯罪的，依法追究刑事责任。

……

《办法》的最后部分便是《附则》，主要规定了“国务院税务主管部门可以根据有关行业特殊的经营方式和业务需求，会同国务院有关主管部门制定该行业的发票管理办法。国务院税务主管部门可以根据增值税专用发票管理的特殊需要，制定增值税专用发票的具体管理办法”。另外，还规定了旧法的废止日期，以及新法的有效实施日期。

总体来说，税务会计人员在工作中处理发票事务时，应该以《发票管理办法》为依据，只有这样，才能在涉及发票处理的问题上更加规范与有效。

在此基础上，我国逐渐规定了“以票控税”的原则，从而使得税收更加规范、便于统计。我们接下来具体了解“以票控税”的内容。

9.2 以票控税

在税收征管中，发票管理是一个重要环节。这是因为，发票通常可以反映出企业经营业务的原始数额，也是企业原始凭证中的重要部分；再者，根据《发票管理办法》的规定，发票由国家税务机关管理，这使得发票在税收实务中可以起到确认收入及法定扣除的作用。因此，发票可以起到保证税收的作用。所以，“以票控税”便是逐渐强化发票的作用，通过发票来控制和调节税收，并使得征税行为更加规范化。

“以票控税”主要表现在两个方面，一是在收入确认方面，只要开具了发票，企业就必须按照发票上的金额来确认收入，并以此作为缴税的依据；二是在扣除确认方面，企业只有凭发票才能在计税时扣除。可见，税务机关只要控制住了发票，就相当于控制住了税收。因此，“以票控税”成为税务机关一种常用的税收管理手段。

然而，在实际操作中，很多经营行为却与发票开具并非一致，从而使得“以票控税”难以落实。举例来说，对于一些预付款、预收款、延迟开具发票等行为，若仍然进行“以票控税”，显然难以反映出企业的真实经营活动。那么，企业在“以票控税”中又面临怎样的风险，并需要采取怎样的应对措施呢？

案例

锋行公司委托一家施工队，以包工包料的方式装修办公大楼，并定于2014年4月6日完工交付使用；锋行公司先期支付了全部工程款100万元。但该施工队却以种种理由推迟营业税发票；在施工结束时，该施工队由于拖欠工人工资的问题，施工队负责人逃之夭夭，锋行公司也因此不能与这家施工队的负责人取得联系。

那么，在这种情况下，锋行公司装修办公大楼的费用转为固定资产后，是否能够计提折旧，并在企业所得税前扣除呢？

在这个案例中，假如按照“以票控税”的观点，锋行公司未取得工程款的营业税发票，便不允许锋行公司在税前扣除折旧。显然，锋行公司要为此而蒙受损失。具体来说，如果税务部门按照“以票控税”的方法，不允许锋行公司在税前扣除，相当于让锋行公司承担了那家施工队应承担、却没有承担的纳税责任。

当然，“以票控税”也具有一定的积极作用。比如，可以督促锋行公司向施工队索要发票，让纳税人去督促纳税人，从而在一定程度上减轻税务机关的工作压力。

总之，就上面的案例来说，锋行公司装修办公大楼的费用构成该公司固定资产的一部分，那么，按所得税法规定，便可以扣除相应的折旧。另外，据《营业税暂行条例》的规定，锋行公司在支付给该施工队工程款时，并无代扣代缴对方营业税的义务，因而对施工队是否申报纳税不承担责任。所以，未开具营业税发票的责任完全在施工队一方。只要税务机关不能证明锋行公司与施工队恶意勾结、主动不要发票，锋行公司就不应承担无须承担的责任。

基于此，我们站在纳税的角度，锋行公司应该通过其他证据，比如施工合同、工程造价书、付款凭证、曾索取发票的证明等证据，来证明以下事实：

第一，锋行公司装修的办公大楼已经投入使用，并且服务于公司业务的发展；

第二，这笔固定资产的入账金额是可靠的，而且是办公大楼竣工结算前发生的支出，该案例中的工程款数额为100万元；

第三，锋行公司一再要求施工队开具发票，但施工队却因各种原因而拖延，以致最后没有能够给锋行公司开具发票；

第四，截至税务机关的检查，锋行公司依然向施工队索要发票。

这样的话，税务机关便应通过锋行公司提供的证据，核定具体的固定资产金额，并依法追查施工队涉嫌违法的行为，协助锋行公司取回发票。

在实际工作中，若税务部门觉得追查施工队的做法比较烦琐，也可能会直接通过“以票控税”的方式，把本应施工队承担的缴税义务转嫁到锋行公司身上，或者由锋行公司以施工队的名义为自己代开营业税发票，并按规定在代开发票时缴纳相关的税金，然后，税务机关再同意锋行公司以该发票入固定资产，并按规定计提折旧。

无论怎样，这种“以票控税”的方式均使锋行公司承担了不应承担的税负责任，而真正的违法者却逍遥法外。为了避免出现类似情况，企业一定要严格把控发票管理工作。作为企业的税务会计人员，尤其要树立“以票控税”的思想意识，高度重视发票的开具与索取等工作。

9.3 发票是万能的吗

通过前面的了解，我们可以知道，发票在税务会计中起着重要作用，尤其是部分发票可以在税前扣除，从而有效地减少企业的纳税额。于是，不少公司鼓励员工“找发票”，包括收集出租车营运发票。那么，发票真是万能的吗?

答案是否定的。因为发票必须与企业实际进行的业务活动一一对应，假如企业收集的发票不能证明支出的真实性、相关性、合理性，那么要达到税前扣除的目的就存在风险。在会计实务中，那些金额相对较小的出租车发票、办公用品发票，以及只能限额扣除的招待费发票等，由于数额较小，可能会被税务机关忽略，但虚开发票的不合法性毕竟存在潜在的风险。这也是为什么很多企业害怕税务机关检查的原因。

案例

东吴公司于2014年4月在一处风景名胜区召开了一次营销商讨会议。会后，会计人员进行财务处理时，却发现有一项12万元的费用，不知能否报销，也就是与会人员的景区门票（门票也属于发票）。那么，这笔景区门票费用能否在管理费用中列支呢?

其实，会计人员有这样的疑问也是正常的。因为，税务机关在进行检查时，若看到了景区门票，恐怕也会询问：这是因公，还是因私呢?毕竟景区门票与游山玩水紧密相连。的确，假如景区门票属于个人旅游消费，便只能计入福利费，企业还要为此代扣个税。

因此，我们在处理这样的涉税情形时，首先需要明确一个问题：企业是否可以在风景名胜区内召开工作会议？答案是可以的。基于此，企业如果认为在风景名胜区召开工作会议能够起到更好的工作效果，便可以选择在一处风景名胜区召开会议。

下一个问题是，景区门票能否列入会议费？这主要取决于门票是否是会议的必需的支出。假如会议室在景区内，显然，门票便是一项必需的支出；假如会议室在景区外，购买门票并不是与会者列席会议的必要条件，那么门票就不是必需的支出，这种情况下，要把门票列入会议费可能不太适宜。

由此可见，东吴公司能否将景区门票列入管理费，关键取决于会议室的具体地址。即使东吴公司为正常的会议费用支出提供了相应的发票，东吴公司还需要提供会议安排的相关信息，以证明发票的真实性。

所以，企业的每一张发票背后，都应该能够提供充分的证据予以支持。在这方面，有些发票自身便具有很强的证明力，比如机票，票面上包括了乘机者的个人信息，以及相应的地点、时间等信息；不过，还有很多发票并不能提供充分的信息，比如出租车发票，在这些发票上并不能体现出消费者的具体信息（包括乘坐者是谁、要到哪里去、因为什么而乘坐出租车等）。

正因为这样，税务会计人员在审核发票时，不能仅仅看到有足够的发票就可以了，还应该要求发票提交者有配套的资料信息来佐证，比如说，可以随发票附上差旅费报销单、详细费用说明等，从而使得每一张发票都能够有据可查。可以说，这些配套资料对于企业报销成本费用有非常重要的作用，重要程度甚至不低于发票本身。我们再来看一个案例：

案例

魏州公司是一家房地产开发商，现销售一批精装修的房屋。由于精装修房屋所提供的电视、灶具等物品不能构成房屋实体，所以不能列入建筑安装工程费，也就不能在土地增值税的税前予以扣除。为了达到能够税前扣除的目的，魏州公司将精装修业务全部外包给一家装修公司，并由该装修公司开具全额的建安发票。这样一来，原先不能税前扣除的电视、灶具等购买费用便可以顺利地“进入”建安工程费。那么，该装修公司开具给魏州公司的建安发票，是否可以在魏州公司的土地增值税前扣除？

对于装修公司来说，装修所用的材料计入应纳营业税的营业额，因此，装修公司开具给魏州公司的全额营业税发票是正确的。但魏州公司能否将该营业税发票全部列入建安工程费呢？或者说，魏州公司取得了想要的发票，能否达到税前扣除的目的呢？

在实际操作中，假如税务机关的工作人员未认真分析魏州公司建安工程费用的构成，可能不会发现建安发票中还包括电视、灶具等费用，从而使得这张发票可以蒙混过关；假如税务机关的工作人员认真分析魏州公司的装修合同、装修方案、造价等资料，就会发现建安发票中还包括了电视、灶具等费用，这笔费用不能列入建安工程费用，所以这笔费用仍不能在土地增值税前予以扣除。

所以，我们可以看到，发票并非万能的，企业具备了足够的发票，并不意味着一定可以达到增加扣除项目、少缴税的目的。每一张发票均需有相应的配套资料，从而证明发票的真实性、合理性，才能使发票发挥出应有的作用。

9.4 做好发票与凭据管理

鉴于发票在税务会计工作中的重要性，所以，企业的税务会计人员做好发票管理工作便非常重要。我们接下来列举几个做好发票与凭据管理的要点：

（1）明确报销者的发票责任。

也就是说，在企业内部，对于提交发票的报销人员，需对报销业务与发票的真实性负责。假如在报销后，这些发票被公司或税务机关的执法人员查出是虚假的，则由报销人员负责换回真实的发票，并承担给公司带来的损失。基于此，报销人员需在所报销的每张发票背面签名。税务会计人员则以此作为落实发票的责任者。

对于有条件的公司，还可以自制费用报销单、差旅报销单等凭证，并请报销人在凭证上签署申明："本报销人申明：本人对所报销业务、发票及相关资料的真实性负责。"

这样的话，一方面有助于避免虚假发票的出现，另一方面，即使在虚假发票出现后，也可以避免由会计人员独立承担压力。所以，让报销人承担发票真实性的责任，既是会计人员的一种自我保护，也有助于保护企业的权益。

（2）加强收据与公章的管理。

会计人员一般都懂得发票的重要性，所以能够在一定程度上尽力把发票工作做好。同时，由于一些收据是自制凭证，法律责任相对较轻，所以便放松了警惕。这对会计人员的工作是不利的。我们可以来看下面的案例：

案例

D公司是一家餐饮公司。2014年4月的一个周末，由于生意异常火爆，导致该公司发票开完后还没来得及向税务机关申购新的发票。于是，公司收银台给索取发票的顾客开出收据并加盖公章，告诉顾客下周可以凭收据来换发票。有一位顾客住处距离D餐馆较远，下周不方便来兑换发票，所以对该公司的这种做法不满。于是，这位顾客便将该收据作为证据，向税务机关举报D公司不开发票、开收据的行为。

税务机关接到举报后，对D公司进行了检查，并依据《发票管理办法》中“以其他凭证代替发票使用”的违法条款，对D公司给予了罚款处罚。

在该案例中，D公司或许觉得自己很“冤”，自己的发票用完了，实在来不及开出发票，本来是开给顾客收据，让顾客下周拿着收据来换发票，结果却成了“以其他凭证代替发票使用”，为什么会是这样呢？因为D公司无法提供有力的证据证明自己不是“以其他凭证代替发票使用”，最起码，D公司在发票即将用完时，为什么不提前申购呢？所以，D公司需承担一定责任。另外，D公司开给顾客的收据，而且加盖了公章，可以很容易地证明D公司在“以其他凭证代替发票使用”。所以，D公司不得不接受罚款处罚。

对会计人员来说，不仅要管好发票，还要管好收据与公章。否则的话，都会使公司面临风险。在上述案例中，假如D公司实在无发票可开，而又不得不给顾客开发票，那么，D公司可以在给顾客暂时开收据时，应该在收据上注明以下内容：“此收据不得用于报销，凭此收据于某时间至本公司换取发票。”这样的话，即使有顾客举报，D公司可以据此证明自己并非“以其他凭证代替发票使用”，而是在经营中遇到特殊情况，又恰逢周末，才不得不暂时开出收据，并在最短的时间内可以将收据换成发票，这样，D公司便可免责。

同时，企业要管好收据，首先要管好公章。因为一旦在收据上盖了公章，便证明公司对外收款的行为。这样的话，企业不仅面临发票违规，还涉嫌少缴税。

（3）关注合同中的发票约定。

发票一般产生于企业的经营业务中。对于企业之间的业务往来，发票便是一种有力的凭证；而企业间进行业务往来时，总会伴随一定的合同来制约。那么，企业如果在合同中规定发票的开具时间，便可以在一定程度上减少发票风险。

基于此，税务会计人员首先需要关注合同中对发票的约定是否正确，是否能够确保本公司的合法权益。我们来看下面的案例：

案例

G公司拥有一个加油站。2014年4月，G公司与T公司达成协议转让该加油站，并为此签订转让协议。协议中规定，G公司需开具全额营业税发票，在发票中还包括了设备、原材料等增值税货物。那么，该协议的履行，是否会给G公司带来税务风险呢？

在这个案例中，G公司应对土地、不动产开具营业税发票，对设备、货物开具增值税发票；再者，案例中的合同违背了《发票管理办法》及增值税、营业税相关法规的规定，属于无效合同。当然，假如G公司在这场转让交易中处于劣势，则可能会在协议中只能选择不利于自己的方面。

总之，在企业合同中，那些深谙税务的当事人往往会从中保障自己的应有权益，甚至取得有利于自己的结果，而不懂税务的当事人，则可能从中吃亏。这是因为，在开具发票的时候，发票开具者将为此纳税，选择的缴税项目、缴税基数等不同，会造成税负的不同。所以，税务会计人员一定要过好发票管理这一关。

CHAPTER TEN

第十章 税务筹划

所谓税务筹划，是指在税法规定的范围内，对经营、投资、理财等活动的事先筹划与安排，从而达到一定节税效果。可以说，税务筹划是纳税人的一项基本权利，纳税人在法律允许或不违反税法的前提下，所取得的收益属于合法收益。

作为一名税务会计人员，能够为企业进行税务筹划，从而优化企业的纳税行为，显然是一项重要的工作。所以，让我们接下来了解怎样培养与提升税务筹划的能力。

10.1 优秀税务会计的必修本领

如果要作为一名优秀的税务会计从业者，仅能够对日常税务账目进行会计分录，还是不够的，需要进一步对企业的纳税活动进行宏观筹划，从而使企业在纳税问题上居于主动。因此，具备一定税务筹划能力，可以说是优秀税务会计的必修本领。

通过前面的阐述，我们可以知道，税务筹划具备合法性、筹划性、目的性、风险性和专业性的特点。我们对税务筹划的这几个特点进行详细了解：

（1）**合法性，是指税务筹划只能在税收法律许可的范围内进行。**这里面有两层含义：一是遵守税法，二是不违反税法。合法性是税务筹划的前提，如果不符合这一点，税务筹划就会失去应有的意义，甚至面临高昂的违法成本。

（2）**筹划性，是指在纳税行为发生之前，便对相关经济事项进行规划、设计、安排，从而达到减轻税负的目的。**一般来说，纳税具有滞后性，比如说，企业交易行为发生后才缴纳流转税，收益实现或分配之后才缴纳所得税，财产取得之后才缴纳财产税等。中间存在的这个时间差，便为我们进行筹划提供了可能性。我们在前面已经提到，纳税人和征税对象的性质不同，适用的税率也会不同，因此，纳税人可以提前筹划一个有利于减轻税负的机会。

（3）**目的性，即税务筹划的直接目的便是降低税负，减轻纳税负担。**这里面包含两层意思，一是选择低税负，二是选择滞延纳税时间。当然，所谓“滞延纳税时间”，并非不按税法规定期限缴纳税款的欠税行为，而是在合法性前提下，推迟纳税义务发生的行为，从而为自己带来资金的时间价值。

（4）**风险性，这是指税务筹划若操作不当，便可能陷入“偷税”、“漏税”等行列，从而面临违法的风险。**同时，进行税务筹划需要付出一定成本，包括聘请专业人员支出的费用等，如果税务筹划的成本高于收益，显然不具有经济上的可操作性。另外，如果筹划者对税法理解不准确或不当，可能会导致企业税负不仅没有减少，反而增加，这都为税务筹划带来不确定的风险性。

（5）**专业性，即税务筹划具备较强的专业性，所以税务会计人员在进行税务筹划时，一定要立足于专业化。**

基于税务筹划所具备的上述特点，我们可以知道，在进行税务筹划时，需要遵循如下原则：

（1）事前筹划原则。

在纳税行为中，通常是企业的经济行为在先，向国家交纳税款在后。所以，企业可以根据税法规定，提前调整自身的经济行为，选择最佳的纳税方案，从而争取最大的纳税收益。否则的话，一旦企业的经济行为发生，那么，纳税人再要进行税务筹划，便处于被动的地位，甚至失去税务筹划的意义。

所以，纳税人必须在经济行为尚未发生时，就为收入确认、适用税种与税目做好筹划。

（2）保护性原则。

这主要是指纳税人应该保管好相应的账簿。这是因为，企业的账簿、凭证是记录企业经营情况的真实凭据，是税务机关进行征税的重要依据，还是证明企业没有违反税法的重要依据。

比如，我国《税收征管法》第52条规定：“因税务机关的责任，致使纳税人、扣缴义务人未缴或少缴税款的，税务机关在3年内可以要求纳税人、扣缴义务人补缴税款，但是不得加收滞纳金。因纳税人、扣缴义务人计算错误等失误，未缴或少缴税款的，税务机关在3年内可以追征税款、滞纳金；有特殊情况的，追征期可以延长到5年。”这里面说的“特殊情况”，是指涉及的应纳税款额在10万元以上。

所以，如果企业对账目、记账凭证等有关会计资料均做到了妥善保管，便可以巩固税务筹划得到的成果。通常来说，保管期不得短于税收政策规定的补征期和追征期。

（3）经济原则。

通常来说，企业进行税务筹划，初衷都是为了减轻企业的税收负担，使企业获得一定经济利益。但我们在这里提倡的是，企业进行税务筹划时，应该追求企业价值的最大化，也就是说，评价一个税务筹划方案的好坏，关键取决于这个方案给企业带来的绝对收益，要考虑企业的整体税负。

因此，税务筹划也要像其他管理决策一样，必须遵循成本效益的原则，只有当税务筹划带来的收益大于成本时，这项税务筹划才可以称得上是成功的筹划。

（4）适时调整的原则。

企业的税务筹划方案，均是在一定税法体系下的产物。如果税法有调整之处，那么，筹划方案也必须随之动态调整。除此以外，企业经营的业务扩大，比如业务范围遍布几个国家或地区，这些国家或地区适用于不同的税法体系，那么，企业原有的筹划方案也需要调整。总之，税务筹划方案一定要与税法大环境相适应。

一般情况下，我们在选择税务筹划时，常见的有三种方法，即避税筹划、节税筹划和转嫁筹划。我们对这几种方法进行详细了解。

（1）避税筹划。

在税务筹划中，我们经常会听到“避税”、“节税”、“逃税”等词汇，尽管它们的称谓比较相似，但却有很大的区别。显然，“逃税”是一种违法行为，在进行税务筹划时，是应该杜绝的；“节税”我们会在后面提到；“避税”则是以非违法的手段来达到少缴税或不缴税的目的，所以避税筹划既不违法，也不合法，而是处于两者之间，我们一般称为“非违法”。

正因为这样，避税筹划便存在一定的风险，如果“避税”不当，或者“避税”方法不被税务机关认可，就成了“逃税”。因此，“避税”有时也称为钻税法的“空子”。与此相对应，税务机关也在积极地“反避税”，包括加强立法和征管等。那么，“避税”筹划一般具备什么样的特征呢？

①非违法性。“避税”一般是利用税法中的空白或漏洞，表面上来看，并未“抵触”相关税法。

②策划性。选择避税的纳税人，一般都对税法有较深的了解，所以他们的避税活动经过精心的策划。

③权利性。避税筹划实际上是纳税人在履行纳税义务的前提下，积极运用税法赋予的权利，从而保护既得利益。

④规范性。避税行为一般都能提供完整的会计资料，比较规范，这种“规范”一般是利用税法的漏洞或空白展开的。

尽管避税筹划的这些特征使得其看起来比较可行，但避税毕竟要承担较大的风险，尤其是这种“钻税法空子”的行为，具有可能不被税务机关认可的不确定性；而且，随着我国税法的日益完备，“避税”空间显然会更小。我们接下来看另一种筹划方法——节税筹划。

（2）节税筹划。

所谓“节税筹划”，是指纳税人在不违背税法立法精神的前提下，充分利用税法中固有的起征点、减免税等一系列优惠政策，通过纳税人对筹资活动、投资活动以及经营活动的巧妙安排，达到少缴或不缴税的目的。

我们通过对比“避税筹划”可以看到，避税是与立法精神相违背的，而节税则是与立法精神一致的，即希望纳税人在遵守税法的前提下，优化自己的纳税行为。所以，节税筹划具有更好的稳健性，也是值得提倡的行为。

相比较而言，节税筹划具备这些特点：

①合法性。我们知道，逃税是违法的，要承担高昂的违法成本；避税是非违法的，但又需承担一定潜在违法的风险；节税则是顺应立法精神的，是合法的。

②政策导向性。通常情况下，税法反映了我国一定的宏观调控政策，所以，纳税人通过节税筹划，最大限度地利用税法中固有的优惠政策来享受其利益，这也是国家立法时所希望的结果。

③策划性。在这点上，节税与避税是相似的，均需纳税人充分了解现行税法知识，结合企业全方位的筹资、投资和经营业务，进行合理合法地策划。

我们接下来看一个在发票管控方面的税务筹划案例。

案例

P装饰材料公司主营装饰材料的销售业务。2014年3月，P公司购进一批地板装饰材料，该材料市场价格为6000元/批（含税）。P公司为了促销这种材料，便推出为客户免费装饰的服务；由于P公司没有相关装饰人员，就委托R装饰公司承接此项业务，并规定每装饰一批材料就付600元的劳务费。

于是，P公司需要开具6000元的发票给消费者，R公司开具600元的发票给P公司。请问，P公司在发票开具上应该怎样筹划，才能实现节税效果？

现在，P公司有两种开具发票的方案。第一种方案，P公司开具6000元的发票，并按照17%的税率计算增值税，即：

6000÷（1+17%）×17%=871.79（元）

同时，R公司需要就600元的装饰收入按照3%的税率计算营业税，因此，应纳营业税额为：

600×3%=18（元）

第二种方案，若P公司开具5400元的发票给消费者，那么销项税额变为：

5400÷（1+17%）×17%=784.62（元）

另外600元的发票，可以让R公司直接开给消费者，R公司应纳的营业税额仍为18元。

通过比较上述两种方案，我们可以发现，若按照第一种方案，P公司有600元收入在重复缴税，尽管P公司给消费者开具了6000元的发票，但除去付给R公司的600元后，实际收入只是5400元。然而，由于P公司开具了6000元的发票，就需要为此每批多缴纳增值税87.17元，同时R公司还要因600元装饰收入而再交纳18元营业税。

按照第二种方案，P公司每批材料可以节省87.17元增值税；假如P公司每年可以销售该材料10万批，那么，P公司一年就可以节省871.7万元的增值税，可谓节税效果显著。

（3）转嫁筹划。

这里面涉及一个概念，就是“税负转嫁”。所谓“税负转嫁”，是指纳税人为了达到减轻税负的目的，通过价格的调整和变动，将税负转嫁给他人承担的一种经济行为。比如说，在商品流通过程中，纳税人提高销售价格或压低购进价格，将税负转移给购买者或供应者，便属于税负转嫁的行为。

那么，我们怎样才能判定一种行为是转嫁筹划的结果呢？主要有这样几个判断标准：与商品价格有直接联系，否则不能列入税负转嫁的范畴；转嫁是个客观的过程，如果没有税负的转移过程，便不能算作“转嫁”；税负转嫁是纳税人的主动行为，那些与纳税人主动行为无关的价格再分配性质的价值转移，不能算作税负转嫁。

接下来，我们看转嫁筹划与逃税、避税、节税的主要区别：

①转嫁不会影响税收收入，只是税负承担者不同，而逃税、避税、节税则会直接导致税收收入的减少。

②转嫁筹划主要依靠价格变动来实现，而逃税、避税、节税的实现途径则是多种多样的。

③转嫁筹划不存在法律上的问题，更没有法律责任，而逃税、避税不同程度地存在法律麻烦和法律责任问题；另外，虽然节税是顺应立法精神，但往往也会受到税务机关的审查与认定，比如，企业将自己的纳税人身份由一般纳税人身份调整为小规模纳税人，从而在缴纳增值税上，从适用17%的税率转化为适用3%的征收率，这种情况下，税务机关一般都会进行相应的资质审查。

④商品的供求弹性将直接影响税负转嫁的程度和方向，而逃税、避税及节税则不受其影响。

总体来说，转嫁筹划只是税负在不同的纳税人之间进行转移，并不影响税负的数额与落实，在很多情况下，是一种市场行为。对于税务会计人员来说，应重点把握节税筹划与转嫁筹划，慎用避税筹划，远离逃税行为。

10.2 税务筹划的切入点

我们进行税务筹划时，一般都是基于税法客观存在的政策空间来进行的。这些空间主要体现在不同的税种、不同的税收优惠政策、不同的纳税人身份，以及影响纳税数额的基本税制要素上面。因此，我们在进行税务筹划时，便主要通过这些方面来切入。

（1）选择空间比较大的税种。

在税务筹划中，我们通常要选择对企业决策有较大影响的税种作为税务筹划的重点；在这里面，我们又要选择税负弹性比较大的税种作为重中之重。这是因为，税负弹性越大，税务筹划的潜力也就越大。所以，我们在进行税务筹划时，要瞄准几个大的税种，比如增值税、营业税、所得税等。

另外，税负的弹性还取决于税种的要素构成，比如税基、扣除项目、税率和税收优惠。通常来说，税基越大，税率越高，税负就会越重；相对而言，税收扣除越大，税收优惠越多，税负就会越轻。

因此，我们在进行税务筹划时，便可以根据上述方法来进行。

（2）充分运用税收优惠政策。

这是在进行税务筹划时的一个重要方面，也是贯彻税收优惠政策的一个重要手段。一般来说，国家为了实现税收的调节功能，都会规定一些税收优惠条款，如果企业能够充分利用这些优惠条款，就可以享受到节税收益。

因而，用好、用足税收优惠政策，某种程度上便是税务筹划的过程。基于此，我们在选择税收优惠政策作为税务筹划的切入点时，需要注意两个问题：一是纳税人不得曲解税收优惠条款，滥用税收优惠，以欺骗手段骗取税收优惠；二是纳税人应充分了解税收优惠条款，并按规定程序进行申请，避免因程序不当而失去应有权益。我们接下来看这个案例：

案例

G公司是一家自营出口的生产型企业；2014年3月，该公司发生了这样的业务：本期外购货物500万元，已验收入库；本期进项税额为85万元，上期留抵税额为15万元。G公司在本期收到税务局出具的一份《生产企业进料加工贸易免税证明》，该证明中包括的内容为：免税核销进口料件组成计税价格为100万元，不得抵扣税额为2万元，免抵退税额为15万元。

G公司还收到了税务局出具的一份《生产企业出口货物免抵退税审批通知单》，里面规定：批准上期出口货物的应免抵税额为10万元，应退税额为5万元，未抵扣税额为10万元，应退税额于当月办理了结并退库。

已知G公司本期内销货物销售额为500万元，自营进料加工再出口的货物折合人民币400万元，来料加工再出口货物的销售额为100万元；G公司当期实际支付国外运保佣金50万元，并冲减了出口销售。

G公司在本期取得单证齐全的情况下，出口额为300万元，均为进料加工贸易，计划分配率为70%，并于4月10日向税务机关申报。G公司的内外销增值税税率为17%，退税率为15%。

那么，在账务处理上，具体如下：

①购进材料时，

借：原材料500万元

　　应缴税金——应缴增值税（进项税额）85万元

　贷：应付账款585万元

②收到免税证明入账时，不得抵扣税额为2万元，

借：出口产品销售成本-2万元

贷：应缴税金——应缴增值税（进项税额转出）-2万元

③收到《生产企业出口货物免抵退税审批通知单》时，批准上期出口货物的应免抵税额为10万元，应退税额为5万元，未抵扣税额10万元，

借：应缴税金——应缴增值税（出口抵减内销产品应纳税额）10万元

应收补贴款——增值税5万元

贷：应付账款15万元

生产企业出口货物，按照批准的应退税额办理退库时，

借：银行存款5万元

贷：应收补贴款——增值税5万元

④对于当期免税销售的会计处理如下：

企业内销时，

借：银行存款585万元

贷：主营业务收入——内销500万元

应缴税金——应缴增值税（销项税额）85万元

来料加工再出口销售时，

借：银行存款100万元

贷：主营业务收入——来料加工贸易出口100万元

将来料加工耗用的进口料件，按销售比料进行进项税转出时，

转出数＝85÷（500＋400＋100−50）×100＝8.95（万元）

相应的会计分录为：

借：主营业务成本8.95万元

贷：应缴税金——应缴增值税（进项税额转出）8.95万元

进料加工再出口销售时，

借：银行存款400万元

贷：主营业务收入——进料加工出口贸易400万元

同时，再计算不得抵扣入账的金额为400×（17%−15%）＝8（万元），相应的会计分录如下：

借：主营业务成本8万元

贷：应缴税金——应缴增值税（进项税额转出）8万元

⑤运保佣金（平时不参与免抵退计算，年底一次性调整）入账时，

借：主营业务收入——出口产品免税部分50万元

贷：银行存款50万元

⑥应纳税额与应缴税金的会计处理如下：

[85+（-2）+15+8.95+8-（85+10）]-15=4.95万元

将此费用再与15万元“应付账款”相加，得到月末会计分录如下：

借：应缴税金——转出未缴增值税19.95万元

贷：应缴税金——未缴增值税19.95万元

⑦单证收齐并向主管税务机关退税申报时，不做账务处理，只登记退税即可。同时，在统计增值税账户时，如下所示：

第一，购进货物85万元

第二，收到免税证明-2万元

第三，审批应免抵10万元

第四，审批免抵退税额15万元

第五，内销时的销项税额85万元

来料转出时的转出数8.95万元

免抵退不得抵减额8万元

第六，转出未缴税款19.95万元

上述合计114.95万元

（3）选择纳税人身份。

根据我国税法规定，如果不属于某些税种的纳税人，便不需缴纳该项税收。所以，企业在进行税务筹划时，可以考虑能否避开成为某税种的纳税人，这样的话，可以从根本上解决该税种的税负问题。比如说，企业可以通过调整自己的业务，从而适用于增值税或营业税。在税率选择上，可以根据自身实际情况选择一般纳税人或小规模纳税人身份等。

（4）以影响应纳税额的基本要素作为切入点。

一般来说，影响应纳税额的基本要素主要包括两个，即计税基数和税率。如果计税基数越小，税率又越低，应纳税额就会随之越小。所以，我们进行税务筹划，不管采取什么样的方法，最终都是从这两个方面入手，即计税基数和税率。举例来说，企业在缴纳所得税时，应纳税所得额等于“收入总额-允许扣除项目金额”，那么，企业只要合理增加扣除项目，便可以在一定程度上减小应纳税所得额。

（5）以不同的财务管理环节和阶段作为切入点。

一般来说，企业的财务管理包括筹资管理、投资管理、资金运营管理和收益分配管理。在每一个财务管理阶段，企业都可以进行相应的税务筹划。比如，企业负债的利息可以作为所得税的扣除项目，从而有效地减少计税基数，而股息支付又只能在企业税后利润中分配，所以，企业运用债务资本筹资便具备了节税优势。此外，企业在融资租赁中，可以迅速获得所需要的资产，而且支付的利息又可以在税前扣除，可以减少纳税基数，对于租入的固定资产，还可以计提折旧，又可以减少企业的纳税基数。可见，融资租赁在税收减免方面的作用比较显著。

在企业的投资管理阶段，选择投资地点时，可以在不影响正常业务的情况下，选择低税率的地区，如沿海开发区、高新技术开发区、国家鼓励的西部地区等，均可享受不同程度的优惠措施；在投资方式上，企业是选择投资一条生产线，还是全新构建或收购亏损企业？可以说，选择的投资方式不同，对应的税率也会不一样。在企业的组织形式上，是选择内资企业、合资企业、联营企业、总分公司，还是母子公司？这些不同的企业组织形式，也会对应不同的税率。所以，企业在投资管理阶段进行税务筹划时，也不得不考虑这几个因素。

在企业的经营管理阶段，不同的固定资产折旧方法会影响纳税，比如，是选择平均折旧，还是加速折旧？另外，对于存货的计算方法，也会带来不同的税负，比如说，在物价下降时，对存货的计价方法，以及在物价上涨时对存货的计价方法，均会对税负造成影响。同时，企业在对外采购时，选择的采购对象是否是一般纳税人，也会影响企业的税负，因为一般纳税人开具的增值税发票可以在企业税前扣除，而小规模纳税人便不能开具同等效力的增值税发票等。

案例

S卷烟厂2014年2月初实现卷烟销项税额100万元，取得进项税额50万元，抵扣后当月缴纳增值税50万元。S卷烟厂当月下旬收购烟叶支出440万元，烟叶税的应纳税额为88万元，按抵扣率13%计算进项税额，那么当月可抵扣进项税额为：

（440＋88）×13%＝68.64（万元）

那么，S卷烟厂应该怎样进行税务筹划，才能获得较好的节税效果？

我们可以分两种情况来看。首先，这批购进的烟叶若当月未入库，那么这68.64万元进项税额转入下月，当月需缴纳增值税50万元。

其次，这批购进的烟叶若当月入库，那么68.64万元的进项税额则准予当月扣除，当月进项税额就增加为118.64万元，大于当月销项税额100万元，这样的话，S卷烟厂当月便不需再交纳增值税，从而使得本来应缴纳的50万元增值税，作为经营资金给企业带来更多的发展机会和收益。

总之，我们在进行税务筹划时，掌握了这些切入点，便可以有效地以这些切入点为线索，从而有效地开展税务筹划。我们接下来了解税务筹划的一些常用方法。

10.3 税务筹划的常用方法

我们通过前面的阐述，对税务筹划已经有了比较深入的理解。那么，税务筹划都有哪些具体常用的方法呢？总的来说，税收筹划比较常用的方法有利用税收优惠政策法、纳税期的递延法、转让定价筹划法、利用税法漏洞筹划法、基于不同会计处理方法的筹划法等。我们在下面对这些方法进行一一了解。

（1）利用税收优惠政策。

关于这点，我们在前面已经提及。那么，在利用税收优惠政策方面，具体有哪些方法呢？

①直接利用筹划法。也就是说，对于国家明文规定的税收优惠，比如对于开办在我国西部地区的企业，可以给予税收优惠等，纳税人便可以直接利用这些税收优惠政策，来为企业的生产经营服务。

②地点流动筹划法。由于我国协调不同地区发展的需要，在不同的地区，会制定不同的税收优惠措施。那么，纳税人便可以根据需要，选择在优惠地区注册，或者根据综合权衡，在一个地方享受的税收优惠措施结束后，适当地转移到税收优惠地区，从而充分减轻企业税负。

③创造条件筹划法。很多时候，尽管纳税人有不少方面符合优惠政策的规定，但总是由于一点或几点不符合要求，而无法享受税收优惠政策。在这种情况下，纳税人可以想办法创造条件，让自己符合优惠政策的规定，比如，纳税人

可以适当挂靠在一些有优惠待遇的企业或行业上，从而使自己符合优惠条件。

④利用好免税条款。一般情况下，免税是对特定纳税人、征税对象等的减免。可见，免税方法并不是普遍运用的，适用范围比较狭窄。举例来说，国家对一般企业按照普通税率征收所得税，而在有些地区规定从开始经营之日起3年内免税等。那么，企业可以在经过调查与比较后，根据实际情况选择到免税区域经营，并使免税期限最长化，从而合理、合法地减轻税负。

⑤利用减税条款。这个方法与上面相似，不同的是，“免税”是免去某项税收，而“减税”是适当减少某项税收。比如在企业所得税上，一般企业适用的税率是25%，小型微利企业适用的税率是20%，比一般企业减少5%；国家认定的高新科技企业适用的税率是15%，比一般企业减少10%。

⑥利用税率差异。不同的税种、税目、征税对象、征税范围等，往往会有不同的税率。那么，纳税人便可以利用这些税率差异，通过选择适当的企业组织形式、投资规模、投资方向灯，来达到少缴纳税款的目的。

⑦利用分劈方法。所谓分劈，是指在合法、合理的情况下，使所得、财产在两个或更多纳税人之间进行分配而直接节税的税务筹划方法。一般情况下，计税基数越大，适用的最高边际税率也越高；若使所得、财产在多个纳税人之间进行分配，便可以使计税基数降至低税率级次，从而降低最高边际适用税率，达到节税的目的。

⑧利用税收扣除。也就是说，在合法、合理的情况下，使扣除额增加而实现直接节税。举例来说，在收入相同的情况下，各项扣除额、冲抵额等越大，计税基数就会越小，应纳税额也就越小，从而减轻税负。

⑨利用税收抵免。也就是说，在合法、合理的情况下，使税收抵免额增加而节税的税务筹划方法。举例来说，税收抵免额越大，冲抵应纳税额的数额也就越大，应纳税额便越小，从而节减的税额就越大。

⑩利用退税。这是指在合法、合理的情况下，使税务机关退还纳税人已纳税款而直接节税的税务筹划方法。在企业已缴纳税款的情况下，退税无疑是偿还了缴纳的税款，节减了税收，所退税额越大，节减的税收就越多。

（2）纳税期的递延。

这是指在合法、合理的情况下，使纳税人延期缴纳税款而实现节税的税务筹划方法。因为企业递延纳税，好比在利用一笔“无息贷款”，可以增加纳税人的现金流量，显然可以给企业带来资金上的时间价值。一般来说，企业在采用递延纳税的方法时，常通过这样两个方法，使得节税效果最大化：

①递延项目最多化。也就是说，在合理、合法情况下，企业争取递延纳税的项目越多，那么，本期缴纳的税收就越少，现金流量也就越大，可用于扩大流动资本和进行投资的资金也就越多。

②递延期限最长化。在合理、合法情况下，企业争取递延纳税的期限越长，意味着可以使用的“无息贷款”时间就越长，随之产生的收益就会越多。

（3）转让定价筹划法。

这主要是指通过关联企业不符合营业常规的交易形式进行的税务筹划。具体来说，是在经济活动中，有经济联系的企业间为了转移收入、均摊利润或转移利润，而在交换或买卖过程中，不是依照市场买卖规则和市场价格进行交易，而是根据他们之间的共同利益或为了最大限度地维护他们之间的收入，而进行的产品或非产品转让。

在这种转让中，根据双方的意愿，产品的转让价格可能高于或低于市场上由供求关系决定的价格，以达到少纳税甚至不纳税的目的。举例来说，在生产企业和商业企业承担税负不一致的情况下，若商业性企业需要承担的税负重，则有联系的商业企业和生产企业可以通过某种契约的形式，增加生产企业的利润，减少商业企业的利润，这样的话，便可以使它们共同承担的税负与各自承担的税负达到最少。

一般情况下，企业采取转让定价的方法有：

①以内部成本为基础进行价格转让。这里包括两种成本，一个是实际成本，另一个是标准成本。所谓实际成本，是指以销售利润中心所购产品的实际成本来定价；所谓标准成本，是指以预先规定的假设成本来定价。

②以市场价格为基础进行价格转让。这里包括使用外部交易的市场价格和

成本加价两种方式。

③利用商品交易进行筹划。比如说，关联企业间的商品交易，采取压低定价或抬高定价的策略，从而转移收入或利润，以实现从整体上减轻税负的目的。

④利用原材料及零部件购销进行筹划。这是指通过控制零部件和原材料的购销价格，进而影响产品成本来实现税务筹划。举例来说，母公司向子公司低价供应零部件产品，或子公司高价向母公司出售零部件，从而降低子公司的产品成本，并使子公司获得较高的利润。

⑤利用关联企业之间相互提供劳务进行筹划。这是指关联企业之间相互提供劳务时，通过高作价或低作价，甚至不作价的方式收取劳务费用，从而实现关联企业之间的利润根据需要进行转移，并达到减轻税负的目的。

⑥利用无形资产价值评定困难进行筹划。由于无形资产的价值评定没有统一标准，所以关联企业间可以通过转让定价的方式来调节利润，从而达到税负最小化的目的。

⑦除了上述方法以外，纳税人还可以通过租赁机器设备、适当利用管理费用等方法进行税务筹划，并达到节税的效果。

我们接下来通过一个案例加深认识。

案例

M公司（母公司）和S公司（全资子公司）是关联公司，S公司于2013年1月1日向M公司借款500万元，双方在协议中约定：借款期限1年，年利率10%，S公司在2013年12月31日到期时一次性还本付息550万元。S公司实收资本总额600万元。

已知同期同类银行贷款利率为8%，金融保险业营业税税率为5%，城市维护建设税税率为7%，教育费附加征收率为3%。那么，我们在进行税务筹划时，怎样才能起到节税的效果呢？

假如S公司在2013年度当年的“财务费用”账户中列支M公司的利息50万元，那么允许税前扣除的利息为500×8%＝40（万元），所以调增应纳税所得额10万元。如果S公司2013年度的利润总额为200万元，所得税税率为25%，在不考虑其他纳税调整因素的情况下，S公司当年应纳企业所得税额为：

（200＋10）×25%＝52.5（万元）

另外，S公司支付利息50万元，M公司得到利息50万元，由于是内部交易，对M公司和S公司这个利息综合体来说，既无收益也无损失。但是，由于S公司和M公司均为独立的企业所得税纳税人，这便使S公司需额外支付2.5万元（10×25%）的税款；同时，M公司收取的50万元利息需按照“金融保险业”税目缴纳5%的营业税和相应的城建税及教育附加，合计数额为：

50×5%×（1＋7%＋3%）＝2.75（万元）

对整个集团来说，合计多纳税款为：2.75×（1−25%）＋2.5＝4.56（万元）

对此，我们可以区分三种情况进行税务筹划：

情况一：

将M公司借款500万元给S公司，改成M公司向S公司增加投资500万元。这样的话，S公司就无须向M公司支付利息；若M公司使用所得税税率与S公司相同，则从S公司分回的利息无须补缴税款；若M公司所得税税率高于S公司，则S公司可以保留盈余不分配，这样的话，M公司便无须补缴税款。

情况二：

若M公司与S公司存在购销关系，S公司生产的产品作为M公司的原材料，那么，S公司需要借款时，M公司可以支付预付账款500万元给S公司，让S公司获得一笔“无息”贷款，从而排除了关联企业借款利息扣除的限制。

情况三：

若M公司生产的产品作为S公司的原材料，则M公司可以采取赊销方式销售产品，将S公司需要支付的应付账款由M公司作为“应收账款”挂账，这样的话，S公司相当于获得一笔“无息”贷款。

通过分析上面三种情况可知，对于“情况二”和“情况三”，属于商业信用筹资，这是因为，关联企业间按照正常的售价销售产品，对“应收账款”或“预付账款”是否需要加利收息，可以由双方企业自愿确定。上述案例中，由于S公司是M公司的全资子公司，M公司对应收账款或预付账款不收利息，对于投资者，并无任何损失。

另外，假如关联企业之间不按独立企业间的业务往来收取或支付货款、费用，从而减少应税收入或应纳税所得额，税务机关有权介入进行合理调整。所以，关联企业采用“情况二”与“情况三”均具备一定的风险性，运用“情况一”则比较稳妥。

在实际操作中，我国税法为了规避关联企业之间串通一气、故意减少应纳税额，便对关联企业借款费用的税前扣除做了限制，并规定纳税人从关联方取得借款金额超过其注册资本50%的，超过部分的利息支出，不得在税前扣除。

（4）利用税法漏洞筹划法。

关于这一点，我们在前面提到避税时，曾对此有所阐述。所谓税法漏洞，主要指税法对某些内容的文字规定，由于语法或字词歧义，而导致对税法理解的多样性。通常情况下，企业在进行税法漏洞税务筹划时，应该能够获得税务机关对这种筹划方案的认可，否则的话，可能有“逃税”的嫌疑。所以，企业在进行税务筹划时，应该慎用该方法。

（5）基于不同会计处理方法的筹划法。

这是指在会计处理方法上，具有一定可选择性，所以，我们通过选择适当的会计处理方法，来进行税务筹划。在实际工作中，选择不同的会计处理方法时，主要有以下几种情况：

①存货计价方法的选择。在存货计价的方法上，有多种选择，比如先进先出（指材料、商品等在日常收发中按实际成本计价时，对于发出材料、商品等按存货中最早进货的那批单价进行计价的一种计算方法）、加权平均、移动平均、个别计价、计划成本、毛利率或零售价法等。选择不同的计价方法，会对货物的期末库存成本、销售成本有不同的影响，进而影响当期应纳所得税额的多少。比如说，在物价持续下跌的情况下，企业采用先进先出法，就可以使税负降低。

企业在发出存货时，计价上既可以按照实际成本核算，也可以按照计划成本核算。根据会计准则的规定，若按照实际成本核算，企业应当采用先进先出、加权平均（包括移动平均法）、个别计价法来确定其实际成本；若按照计划成本来核算，企业应按期结转其应负担的成本差异，并将计划成本调整为实际成本。

按照我国现行税法的规定，纳税人存货的计算应当以实际成本为准。

一般情况下，企业可以根据自身不同的实际情况，来选择不同的计价方法。比如说，对于盈利企业而言，由于存货成本可以最大限度地在本期所得额中税前抵扣，所以应选择能使本期成本最大化的计价方法；对于亏损企业而言，选择计价方法时，应与亏损弥补情况相结合，并使成本费用延迟到以后能够完全得到抵补的时期，从而确保成本费用的抵税效果得到最大限度的发挥；对于享受税收优惠的企业而言，应选择减免税优惠期间内存货成本最小化的计价方法，减少存货费用的当期摊入，扩大当期利润，若企业处于非税收优惠期间时，应选择使得存货成本最大化的计价方法，将当期的存货费用尽量扩大，以达到减少当期利润，推迟纳税期的目的。

②固定资产折旧的税务筹划。通常情况下，企业的固定资产价值，可以通过折旧形式转移到成本费用之中，折旧额的多少取决于固定资产的计价、折旧年限和折旧方法。其中，关于固定资产的计价，可以按照购入价加上发生的包装费、运杂费、安装费，以及缴纳税金后的价值来计价。

由于折旧费用是在未来较长时间内陆续计提的，所以为降低本期税负，新增固定资产的入账价值要尽可能地低。比如说，对于成套固定资产，其易损件、小配件可以单独开票作为低值易耗品入账，因低值易耗品领用时可以一次或分次直接计入当期费用，这便降低了当期的应税所得额；对于在建工程，则要尽可能早地转入固定资产，以便尽早计提折旧等。

我们在对固定资产折旧年限进行税务筹划时，若采用缩短折旧年限的方法，有利于加速成本回收，还可以使后期成本费用前移，从而使前期会计利润发生后移。在税率不变的情况下，这可以使企业所得税递延缴纳。

这里要注意的是，我国税法对固定资产折旧规定了最低的折旧年限，即税务筹划不能突破关于折旧年限的最低要求。

案例

一家汽车修理厂的老板在2012年12月以2100万元的价格，将一家破产的国有商场的整体资产买断，并于2013年12月重新以个人名义注册了个人独资性质的A企业，并在当月开业。

在开业前，A企业聘请B资产评估所对原商场的固定资产进行了评估，评估结果为固定资产原值4612万元，净值2800万元，所以便要求财务人员按照4612万元为基数计提固定资产折旧。但当地税务机关在结算个人所得税时，认为商场不应该以4612万元为基数计提折旧，应以2100万元计提折旧。那么，原商场究竟应该以4612万元为基数，还是应以2100万元为基数来计提折旧？

根据税法规定，个人独资企业在计算缴纳投资者个人所得税时，应遵循历史成本原则，按照购入固定资产的实际支出来计提固定资产折旧，不能按照资产评估价值来计提折旧。即使已经按照资产评估价值计提折旧，那么超过实际购入价的部分而计提的固定资产折旧，不能在缴纳个税前扣除。

所以，当地税务机关在计算个人独资性质的A企业应缴纳的个人所得税时，准许税前扣除固定资产折旧的基数应当是2100万元，而不是4612万元。

另外，如果企业享受开办初期的减免税或者在开办初期享受低税率照顾，那么在税率预期上升的情况下购入的固定资产，就不宜缩短折旧年限，以避免将折旧费用提前到免税期间或低税期间实现，否则会减少企业享受税收优惠待遇。只有在税率预期下降时缩短折旧年限，才能够在实现货币时间价值的同时达到少纳税的目的。

在具体计算固定资产的折旧时，主要有这样几种办法，即平均年限法、平速折旧法、双倍余额递减法、年数总和法等。尽管从整体上来看，对固定资产的折旧不可能超过固定资产的价值本身，但对同一固定资产采用不同的折旧方法，可以使企业所得税提前或滞后实现，从而产生不同的货币时间价值。

举例来说，若企业所得税的税率预期不会上升，那么采用加速折旧的方法，一方面可以在计提折旧期间少缴企业所得税，另一方面可以尽快收回资金，加速资金周转。但在一般情况下，我国税法规定，纳税人可扣除的固定资产折旧费用的计算，应该采取直线法，即平均年限法。只有当企业的固定资产由于技术进步等原因，确需加速折旧，才可以缩短折旧年限或采取其他加速折旧的方法。

若采用直线法计提折旧，那么在折旧期间，固定资产的折旧费用会均衡地在企业收益中扣除，这样的话，对利润的影响也是均衡的，企业在缴纳所得税时也会比较均衡。

若采用双倍余额递减法或年数总和法计提折旧，那么固定资产在折旧期间的折旧费用会随着时间的推移而逐年减少，对企业收益的抵减也是逐年递减的，企业所得税会随着时间的推移而逐年上升。

我们从税务筹划的角度来说，为了获得货币的时间价值，适宜采用加速折旧的方法。当然，这并不是绝对的，企业需要把货币的时间价值与未来可能增加的税负进行比较，从而做出理性的决策；同样，对于在享受减免税优惠期内添置的固定资产，如果采用加速折旧的方法，未必对企业有利。

我们接下来通过一个案例来继续认识固定资产折旧方面的税务筹划。

案例

龟城公司固定资产原值为180万元，预计残值为10万元，使用年限为5年。该公司在5年内未扣除折旧的利润和产量如下表所示（已知该公司适用25%的所得税税率）。

龟城公司5年内企业未扣除折旧的利润和产量表

年限	未扣除折旧利润（万元）	产量
第一年	100	1000
第二年	90	900
第三年	120	1200
第四年	80	800

第五年	76	760
合计	466	4660

我们可以按照不同的固定资产计提折旧的方法来计算，以从中进行比较。

情况一，直线法：

龟城公司的年折旧额为：

年折旧额=（固定资产原值-估计残值）÷估计使用年限

年折旧额=（180-10）÷5=34（万元）

那么，第一年的利润额为：100-34=66（万元）

应纳所得税为：66×25%=16.5（万元）

第二年利润额为：90-34=56（万元）

应纳所得税为：56×25%=14（万元）

第三年利润额为：120-34=86（万元）

应纳所得税为：86×25%=21.5（万元）

第四年利润额为：80-34=46（万元）

应纳所得税为：46×25%=11.5（万元）

第五年利润额为：76-34=42（万元）

应纳所得税为：42×25%=10.5（万元）

龟城公司5年累计应纳所得税为：

16.5+14+21.5+11.5+10.5=74（万元）

情况二，产量法：

根据这种方法，每年折旧额的计算公式为：

每年折旧额=每年实际产量÷合计产量×（固定资产原值-预计残值）

那么，龟城公司第一年的折旧额为：

1000÷4660×（180－10）=36.48（万元）

利润额为：100－36.48=63.52（万元）

应纳所得税为：63.52×25%=15.88（万元）

第二年折旧额为：

900÷4660×（180－10）=32.83（万元）

利润额为：90－32.83=57.17（万元）

应纳所得税为：57.17×25%=14.2925（万元）

第三年折旧额为：

1200÷4660×（180−10）=43.78（万元）

利润额为：120－43.78=76.22（万元）

应纳所得税为：76.22×25%=19.055（万元）

第四年折旧额为：

800÷4660×（180－10）=29.18（万元）

利润额为：80－29.18=50.82（万元）

应纳所得税为：50.82×25%=12.705（万元）

第五年折旧额为：

760÷4660×（180－10）=27.725（万元）

利润额为：76−27.725=48.275（万元）

应纳所得税为：48.275×25%=12.07（万元）

龟城公司5年累计应纳所得税为：

15.88+14.2925+19.055+12.705+12.07=74.0025（万元）

情况三，双倍余额递减法：

采用该方法时，相应的计算公式为：

> 双倍直线折旧率=2×（1÷估计使用年限）×100%
>
> 年折旧额=期初固定资产账面余额×双倍直线折旧率

根据我国会计制度的规定，在计算最后两年的折旧额时，应将原采用的双倍余额递减法改为用当年年初的固定资产账面净值减去估计残值，然后将该余额在使用的年限中予以平均摊销。

根据上述计算公式可知，龟城公司的双倍直线折旧率为：

2×（1÷5）×100% = 40%

那么，龟城公司第一年折旧额为：

180×40% = 72（万元）

利润额为：100 − 72 = 28（万元）

应纳所得税为：28×25% = 7（万元）

第二年折旧额为：

（180−72）×40% = 43.2（万元）

利润额为：90 − 43.2 = 46.8（万元）

应纳所得税为：46.8×25% = 11.7（万元）

第三年折旧额为：

（180 − 72 − 43.2）×40% = 25.92（万元）

利润额为：120 − 25.82 = 94.08（万元）

应纳所得税为：94.08×25% = 23.52（万元）

第四年后，使用直线法计算折旧额，那么，第四年与第五年的折旧额均为：

（180 − 72 − 43.2 − 25.92 − 10）÷2 = 14.44（万元）

其中，第四年的利润额为：80 − 14.44 = 65.56（万元）

应纳所得税为：65.56×25% = 16.39（万元）

第五年的利润额为：76 − 14.44 = 61.56（万元）

应纳所得税为：61.56×25% = 15.39（万元）

5年累计应纳所得税为：

7 + 11.7 + 23.52 + 16.39 + 15.39 = 74（万元）

情况四，年数总和法：

该方法相应的计算公式为：

每年折旧额 =（可使用年数 ÷ 使用年数总和）×（固定资产原值-预计残值）

在上述案例中，龟城公司使用固定资产的年数总和为：

1 + 2 + 3 + 4 + 5 = 15

因此，龟城公司第一年的折旧额为：

（5 ÷ 15）×（180 − 10）= 56.67（万元）

利润额为：100 − 56.67 = 43.33（万元）

应纳所得税为：43.33 × 25% = 10.83（万元）

第二年折旧额为：

（4 ÷ 15）×（180 − 10）= 45.33（万元）

利润额为：90 − 45.33 = 44.67（万元）

应纳所得税为：44.67 × 25% = 11.1675（万元）

第三年的折旧额为：

（3 ÷ 15）×（180−10）= 34（万元）

利润额为：120 − 34 = 86（万元）

应纳所得税为：86 × 25% = 21.5（万元）

第四年的折旧额为：

（2 ÷ 15）×（180 − 10）= 22.67（万元）

利润额为：80 − 22.67 = 57.33（万元）

应纳所得税为：57.33 × 25% = 14.33（万元）

第五年的折旧额为：

（1 ÷ 15）×（180 − 10）= 11.33（万元）

利润额为：76 − 11.33 = 64.67（万元）

应纳所得税为：64.67 × 25% = 16.17（万元）

5年累计应纳所得税合计为：

10.83 + 11.1675 + 21.5 + 14.33 + 16.17 = 73.9975（万元）

我们接下来根据上面4种不同的计提折旧的方法，将计算出的应纳税额统计如下：

不同折旧方法下的应纳税额（单位：万元）

年限	直线法	产量法	双倍余额递减法	年数总和法
第一年	16.5	15.88	7	10.83
第二年	14	14.2925	11.7	11.1675
第三年	21.5	19.055	23.52	21.5
第四年	11.5	12.705	16.39	14.33
第五年	10.5	12.07	15.39	16.17
总计	74	74.0025	74	73.9975

通过上面的图表，我们可以看出，采用加速折旧法（即双倍余额递减法）计算出的第一年应纳税额最少，也就是说，第一年只需要缴纳7万元所得税；采用直线法时，第一年应纳税款为16.5万元，采用产量法的情况下，第一年应纳税额为15.88万元，采用年数总和法的情况下，第一年应纳税额为10.83万元。

我们从这4种计提折旧的方法对比上来看，5年累计缴纳的应纳税额比较接近，均在74万元左右。总体来说，龟城公司若使用加速折旧法，那么在前面两年的折旧额较多，相应的应纳税款便较少，这相当于为公司争取了一笔无息贷款，有利于改善公司的资金流动性与资金的时间收益。另外，龟城公司还需要根据公司的实际运营状况，来选择适宜的计提折旧方法。

基于此，我们在对固定资产进行计价和计提折旧时，应该紧密结合税务筹划，从而在合理、合法的情况下，为企业制订一套行之有效的筹划方案，这也往往是一位优秀税务会计从业者的必备本领。

后记　优秀税务会计是这样炼成的

长期以来，一直有个问题缠绕着我，那就是：会计可不可以不懂税务问题？

我们知道，在当今职场，会计可谓是一个需求量极大的职位。这是因为，社会经济活动日益活跃，而企业作为经济活动中非常重要的单位，其每一次业务活动，都会产生相应的数据，进而需要进行会计处理，这些会计数据对企业发展，以及国家征税活动起到重要的作用。

诚然，会计主要体现为对资金运动的一种核算与监督，那么，在企业的纳税活动中，更是伴随着大量的资金流动，从而构成企业经济活动的重要部分。所以，会计从业者，或有精通税务者，或有了解税务皮毛者，鲜有不知税务为何物者。

总体来看，我国的税法立法工作日益完善，原先的很多“费”正在不断地消失，转而以“税”的形式更规范地出现。这在客观上需要企业内部必须有懂得税务的人，以应对这种变化，并从“费改税”的规范化中探索有益于本企业的立足点。这对每一个企业来说，应该都是一个很重要的课题。

在日常工作中，企业有大小之分，或许在一些大型企业中设立了专门处理涉税问题的税务会计，但在中小型企业中，税务会计依然客观存在，或许是以某种会计“通才”（如兼具财务会计、管理会计、税务会计的职能）的形式而存在。无论如何，能够切实地解决企业面临的、亟须处理的涉税问题，几乎是每一个企业都关心的问题。

基于此，一名优秀的税务会计人员，自然会受到企业的青睐。那么，怎样才能成为一名优秀的税务会计？

写到这里，我不由想起奥运赛场上一个个挑战极限、获得荣耀的冠军……我想，每一个长跑冠军、短跑冠军、跳水冠军，抑或一支优秀的足球队、篮球队等，他们的成功应该都是有迹可循的。

是的，任何成功者都有开始，然后沿着这个起点坚持前进，最终通向了属于自己的辉煌。事实上，任何复杂的事务，都可以分解为一个个简单的部分，这也是我们解决问题的一个重要思维方法。因此，如果你有志于成为优秀税务会计，那么，你不妨先了解相关的概念，然后逐步深入，衔接前后内容，能够处理一个领域、一个领域的问题，最后可以高屋建瓴地处理综合型的问题。诚如是，你将达成做一名优秀税务会计的目标。

最后，愿本书助你实现这个梦想。

秦东生 于烨